공부가 되는
흐름 한국사 3

〈공부가 되는〉 시리즈 54

**공부가 되는
흐름 한국사 3**

초판 1쇄 발행 2014년 12월 22일
초판 2쇄 발행 2018년 2월 27일

지은이 조한서
추천·감수 조왕호

책임편집 서한솔
책임디자인 유영준

펴낸이 이상순
주　간 서인찬
편집장 박윤주
기획편집 한나비, 김한솔
디자인 이민정
마케팅 홍보 이상광, 이병구, 오은애
펴낸곳 (주)도서출판 아름다운사람들
주소 (10881) 경기도 파주시 회동길 103
대표전화 (031)955-1001 **팩스** (031)955-1083
이메일 books777@naver.com
홈페이지 www.books114.net

ⓒ2014 조한서
ISBN 978-89-6513-335-3 74900
ISBN 978-89-6513-332-2 74900 (세트)

◎ 파본은 구입하신 서점에서 교환해 드립니다.
　이 책은 저작권법에 의하여 보호를 받는 저작물이므로 무단 전재와 복제를 금합니다.

공부가 되는 흐름 한국사 3

조선 후기부터 오늘날까지

지음 조한서 | 추천·감수 조왕호

아름다운사람들

| 차 례 |

아이들이 《공부가 되는 흐름 한국사》를 읽으면 좋은 이유 …8

1 붕당 정치와 탕평책 …10

붕당 정치의 폐단이 점점 심해지다 …12
영조, 적극적으로 탕평책을 쓰다 …17
정조, 조선을 다시 일으켜 세우다 …21

2 변화하는 조선 사회 …26

새로운 제도가 시행되다 …28
농촌의 변화 …31
수공업과 상업의 발달 …33
흔들리는 신분 제도 …36
새로운 학문, 실학의 발달 …38
실학이 몰고 온 변화 …41
문학과 예술 분야의 새바람 …44

3 세도 정치와 농민의 봉기 …50

조선을 병들게 한 세도 정치 …52
새로운 종교의 유행 …54
농민의 저항 …58

4 흥선 대원군의 개혁 정치와 외세의 침략 …62

흥선 대원군, 세도 정치를 잠재우다 …64
서양 세력의 침입 …67
나라의 빗장이 열리다 …70
개화 정책의 추진과 임오군란 …74

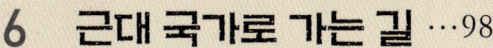

5 조선, 격동의 소용돌이 속으로! …78

개화 세력의 성장과 갑신정변 …80
동학 농민 운동과 청일 전쟁 …85
갑오개혁과 을미사변 …92

6 근대 국가로 가는 길 …98

러시아 공사관으로 간 고종 …100
독립 협회를 만들다 …103
대한 제국을 선포하다 …109
서양 문물이 몰고 온 변화의 바람 …112

조선 후기부터 대한 제국까지 연표 …118

7 나라를 빼앗기다 ···120

을사늑약은 어떻게 맺어졌나? ···122
일본의 식민지가 되다 ···128
또 다른 저항의 불길, 애국 계몽 운동 ···134

8 무단 통치와 3·1 만세 운동 ···138

조선 총독부의 무단 통치 ···140
마지막 한 사람까지, 마지막 한순간까지 ···143
만세의 메아리 속에서 임시 정부가 탄생하다 ···150

9 3·1 만세 운동 이후의 독립운동 ···154

이른바 '문화 통치'와 항일 투쟁 ···156
독립 전쟁에서 빛나는 승리를 거두다 ···161
일본의 침략 전쟁과 항일 민족 운동 ···165
민족 문화를 지키기 위한 운동 ···170

10 대한민국 정부 수립과 6·25 전쟁 ···174

해방 그리고 갈라진 남과 북 ···176
북한의 남침으로 전쟁이 시작되다 ···181

11 자유 민주주의를 위하여 ···188

4·19 학생 혁명 ···190
군부 독재와 광주의 5월 ···193
대통령을 직접 뽑고 평화적인 정권 교체도 이루다 ···197

12 경제 성장과 세계 속의 한국 ···202

경제 발전을 위한 노력 ···204
세계 속의 대한민국으로 ···207

을사늑약부터 오늘날까지 연표 ···214

역사는 과거와 현재의 끊임없는 대화 ···216

자료 제공처 및 출처 ···218

아이들이
《공부가 되는 흐름 한국사》를
읽으면 좋은 이유

1 역사를 알면 오늘을 살아가는 데 필요한
지혜와 교훈을 얻을 수 있습니다

《공부가 되는 흐름 한국사》는 지구의 탄생에서 시작해 한반도를 중심으로 우리 조상이 살아온 발자취가 현재의 우리와 어떻게 연결되었는지를 알려 줍니다. 지금 우리가 겪고 있는 모든 일은 과거와 끈이 닿아 있다는 것을 알게 해 주며, 오늘날 우리 삶을 만들어 낸 우리 역사의 거대한 흐름을 재밌게 이해하도록 도와주기 때문입니다. 또한 역사 속에는 우리 조상이 살아온 온갖 지혜와 경험이 담겨 있습니다. 그러므로 역사를 알면 오늘을 살아가는 데 필요한 지혜와 교훈을 얻을 수 있습니다. 이 같은 이유에서 역사학자 에드워드 카는 "역사는 과거와 현재의 끊임없는 대화"라고 말했습니다.

2 역사적 안목을 높이고 생각하는 힘을 길러 줍니다

역사학자 리처드 에번스는 "역사는 그것이 어떻게 일어났으며, 어떻게 소멸하고, 어떤 영향을 주었는가를 파악하는 것이 더 중요하다."라고 했습니다. 이처럼 역사를 접할 때는 단순히 과거에 어떤 일이 있었는지 사실 관계를 아는 데 그치는 것이 아니라, 그 사건이 일어난 배경과 그렇게 될 수밖에 없는 필연적 이유를 아는 것이 더 중요합니다. 따라서 역사적 안목을 갖춘다는 의미는 단순히 있었던 일을 아는 데 있지 않습니다. '있었던 일'을 평가하고 비판할 수 있는 힘을 기르며, 역사적 사건을 해석하고 평가하는 기준도 시대에 따라 다를 수 있다는 것을 아는 것입니다. 그러므로 역사를 제대로 알고 이해하는 것은 사물에 대한 사고력과 판단력을 폭넓게 길러 줄 뿐 아니라 스스로 생각하는 힘을 기르게 해, 우리 아이들의 가치관을 결정하는 데 중요한 디딤돌이 되어 줍니다.

3 어려운 역사 개념이 바로 해결됩니다

중앙 집권 국가, 동북공정, 온건파, 탕평책, 신분 제도, 세도 정치, 중립 외교, 권문세족, 내정 간섭, 제도 정비, 민주주의, 사회주의, 자본주의…… 우리가 늘 듣는 용어지만 각각의 구체적인 뜻은 모호합니다. 역사적 개념은 도대체 어떤 사건을 통해 사용되기 시작했고, 어떤 의미를 포함하고 있을까요? 한국사를 통해 생겨나 오늘날의 일상생활에서도 흔히 사용되는 어휘와 개념을 단순한 어휘와 암기를 뛰어넘어, 한국사의 큰 흐름 속에서 이해하고 활용할 수 있도록 똑똑하게 알려 줍니다.

4 공부의 즐거움을 깨치는 〈공부가 되는〉 시리즈

〈공부가 되는〉 시리즈는 공부를 지겹게만 여기는 우리 아이들에게 공부의 즐거움을 알려 주는 시리즈입니다. 또한 만사가 궁금한 우리 아이들의 지적 호기심을 해결해 주는 시리즈이기도 합니다. 공부의 맛과 재미는 탄탄한 기초 교양 위에서 더욱 커집니다. 그리고 그 기초 교양은 우리 아이들이 자기 주도적인 학습을 하는 데에도 원동력이 되어 줍니다. 《공부가 되는 흐름 한국사》는 역사의 거대한 흐름을 이해하고, 이를 통해 역사적 안목과 사고력·판단력을 높일 수 있도록 만들었습니다. 역사 공부를 통해 기른 뚜렷한 역사의식은 우리 아이들이 주체적 인간으로 성장하는 데 징검다리 역할을 해 줄 것입니다.

1

붕당 정치와 탕평책

임진왜란과 병자호란이 끝난 뒤, 조선에는 붕당 정치의 폐단이 점점 심해졌단다. 영조는 이를 막기 위해 적극적으로 '탕평책'을 이용했지만 그 뿌리를 완전히 뽑아내지 못했어. 정조는 규장각과 장용영을 설치하고, 수원에 화성 신도시를 건설하는 등 조선을 다시 일으켜 세우기 위해 노력했지. 하지만 정조가 갑자기 세상을 떠나자, 조선 사회도 함께 내리막길을 걷게 되었어.

붕당 정치와 탕평책

붕당 정치의 폐단이 점점 심해지다 | 영조, 적극적으로 탕평책을 쓰다 | 정조, 조선을 다시 일으켜 세우다

붕당 정치의 폐단이 점점 심해지다

지금부터는 임진왜란과 병자호란이 끝나고 난 후의 조선에 대한 이야기를 해 보자꾸나. 두 번의 전쟁이 끝난 후 조정에서는 붕당 정치의 폐단이 점점 심해지기 시작했지.

붕당 정치가 처음부터 나빴던 것은 아니었어. 뜻을 같이하는 사람들끼리 모인 붕당은 생각을 달리하는 상대방을 서로 인정하고 견제하면서, 활발한 학문 논의와 정책 경쟁을 통해 좋은 정치를 하려고 노력했지. 그러나 처음 얼마 동안만 그랬단다. 곧 각 붕당 사이에 권력을 독점하기 위한 경쟁이 치열해졌고, 붕당 정치의 폐해가 나타나기 시작한 거야.

붕당 정치의 폐단은 두 번의 '예송 논쟁'을 거치면서 본격적으

로 드러나기 시작했어.

예송 논쟁이 뭐냐고? 서인과 남인이 왕실에서 상복 입는 기간을 놓고 벌였던 논쟁을 말해.

첫 번째 논쟁은 현종의 아버지인 효종이 죽으면서 일어났어. 인조(효종의 아버지)의 계비(두 번째 왕비)였던 자의 대비가 얼마 동안 상복을 입어야 되는지 문제가 된 거야.

장남인 왕이 죽었을 때는 3년 동안 상복을 입는 것이 예법이었지. 그런데 효종은 차남이었거든. 그래서 서인은 '1년간 상복을 입으면 된다.'고 주장했어.

이에 맞서 남인은 '3년 동안 상복을 입어야 한다.'고 주장했지. 왕은 특별한 존재이므로, 효종이 차남이라고 해도 3년을 입어야 예법에 맞다고 주장했던 거야. 이때는 서인의 주장이 채택됐어.

그리고 15년 후, 효종의 왕비 인선 왕후가 죽자 똑같은 논쟁이 되풀이됐단다. 그러나 이번에는 남인의 주장을 받아들여서 서인이 정권에서 쫓겨났지.

현종의 뒤를 이어 왕이 된 숙종 때는 세 차례나 '환국'이 일어났단다.

환국이란 정권을 잡았던 붕당

송시열 초상 (국보 239)
송시열은 붕당 정치의 중심에 있던 사람이었어. 예송 논쟁 당시 서인을 이끈 수장이었고, 숙종 때 장희빈의 아들을 세자로 올리는 데 앞서서 반대한 사람이었지. 그러나 이 일로 귀양을 가게 되었고, 사약을 받아 죽게 되었단다.

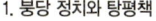

● 명성 왕후와 명성 황후

명성 왕후와 명성 황후는 같은 인물일까, 다른 인물일까?
이 둘은 서로 다른 인물이야. 명성 왕후는 조선의 제18대 왕인 현종의 왕비이고, 명성 황후는 조선의 제26대 왕인 고종의 왕비였어.
중국은 예로부터 임금을 '황제'라고 불렀단다. 하지만 조선은 중국에 대한 사대주의 때문에 황제라 부르지 못하고 '왕'이라고 했어. 그래서 왕비의 호칭도 '황후'가 아닌 '왕후'였지.
하지만 고종이 대한 제국을 선포하고 황제가 된 후에는 왕비의 호칭도 황후(명성 황후)가 되었어. 고종 황제 이야기는 이 책을 더 읽어 나가다 보면 나온단다.

이 갑자기 물러나게 되어, 다른 붕당이 정권을 잡는 것을 말해.

효종의 왕비 인선 왕후가 죽은 뒤 벌어진 예송 논쟁에서 밀려난 서인은 다시 정권을 잡을 기회를 노리며 음모를 꾸몄어. 숙종의 어머니인 명성 왕후의 사촌 동생 김석주를 앞세워 꾸민 음모였지. 그들은 남인 세력의 일부가 왕족과 손잡고 반역하려 한다고 고발했어.

이 음모가 성공하면서 서인이 다시 정권을 잡고, 남인은 대부분 권력의 핵심에서 밀려났어. 이를 '경신환국'이라고 해(1680년).

권력을 잡은 서인 세력은 이를 빼앗기지 않기 위해 남인 세력이 관리로 등용되는 것을 철저하게 막았단다.

그런데 엉뚱한 곳에서 문제가 터졌어. 장옥정이라는 궁녀가 숙종의 총애를 받아 후궁이 되었다가 왕자를 낳은 거야.

그때 왕비였던 인현 왕후에게는 자식이 없었어. 숙종은 장옥정이 낳은 왕자 윤을 세자로 삼으려고 했지. 서인은 인현 왕후가 아직 젊으니 어린 윤을 서둘러 세자로 삼을 필요가 없다며 반대했어. 서인은 인현 왕후를 지지했거든. 장옥정은 남인의 지지를 받았고.

하지만 숙종은 서인의 반대를 뿌리치고 윤을 세자로 책봉했어. 또 장옥정을 희빈으로 승격시켰지. 이 장옥정이 바로 드라마나 영화 등에 많이 등장하는 장 희빈이야.

윤이 세자로 책봉된 뒤에도 서인은 반대를 계속했어. 남인이 지지하는 장 희빈의 아들이 숙종의 뒤를 이어 왕이 되면, 자기들이 권력에서 밀려날 것이 뻔했으니까.

서인의 반대가 계속되자 숙종은 서인을 몰아내고 남인을 다시 등용했어. 그뿐 아니라 서인의 지지를 받고 있는 인현 왕후를 폐비하고, 장 희빈을 중전 자리에 올렸어. 이를 '기사환국'이라고 해(1689년).

5년 뒤 사태는 다시 한 번 뒤집혔어. 1694년에 서인이 폐비 민

명릉
조선의 19대 왕인 숙종과 왕비인 인현 왕후의 무덤이야. 경기도 고양시의 서오릉에 있는 무덤 중 하나로, 숙종과 인현 왕후의 능이 나란히 있는 쌍릉이란다.

씨(인현 왕후)를 복위하려는 운동을 펼쳤던 거야. 남인은 이를 기회로 여기고 서인 세력을 완전히 제거하려 했지. 그래서 복위 운동을 한 주동자를 모두 잡아들였어.

그런데 이번에는 뜻밖에도 숙종이 서인의 편을 들었단다. 그 무렵 숙종은 인현 왕후를 폐비로 만든 것을 후회하며, 장 희빈에게 마음이 떠나 있었거든. 결국 숙종은 왕비 장씨를 다시 희빈으로 강등시키고, 폐비됐던 인현 왕후를 다시 왕비 자리에 앉혔어. 또 장 희빈을 지지하던 남인도 같이 쫓겨나고, 서인이 다시 정권을 잡게 되었지. 이를 '갑술환국'이라고 해(1694년).

숙종 때의 세 차례 환국은 이처럼 인현 왕후를 지지하는 서인 세력과, 장 희빈을 지지하는 남인 세력 사이에 벌어진 권력 다툼이었단다.

어떻게 하면 나라가 잘 돌아가고 백성이 편안하게 살 수 있을까 하는 문제와는 아무런 관계없는, 상대방을 몰아내고 권력을 독점하기 위한 싸움이었어. 그래서 나랏일은 어지러워지고 그 폐해가 여간 크지 않았지.

갑술환국으로 권력을 잡은 서인에서 갈라져 나온 노론과 소론 그리고 동인에서 갈라져 나온 남인과 북인, 이 네 당파를 '사색당파'라고 한단다. 그러나 붕당에 사색당파만 있었던 것은 아냐. 이해관계에 따라 주장이 또 엇갈리면서 남인은 '청남'과 '탁남'으로, 북인은 '대북'과 '소북'으로 갈라졌단다.

영조, 적극적으로 탕평책을 쓰다

숙종 때 붕당 사이의 다툼은 세 번의 환국으로만 끝나지 않았어. 숙종의 뒤를 이어 누가 왕이 될 것이냐 하는 문제를 놓고 서인에서 갈라진 소론과 노론이 또 다툼을 벌였단다. 소론은 경종을, 노론은 영조를 지지했지.

경종은 장 희빈의 아들인 세자 윤이고, 영조는 숙종과 무수리 최씨 사이에서 태어난 경종의 이복동생이야. 먼저 왕이 된 것은 경종이었지. 그리고 경종이 4년 만에 죽는 바람에 영조가 그 뒤를 이어 왕이 됐단다.

노론과 소론의 심한 갈등을 몸으로 겪으며 목숨까지 위협받았던 영조는 왕이 되자 적극적으로 '탕평책'을 쓰기 시작했어.

탕평책이 뭐냐고? 왕이 어느 한 정파에 치우치지 않고 고르게 인재를 등용하는 것을 말해. 영조는 소론과 남인 등 각 붕당의 인물을 고루 관리로 등용해서, 가장 세력이 강했던 노론을 견제했어. 그리고 자신의 정책을 지지하는 탕평파를 육성해서 이들을 중심으로 정치를 펼쳐 나갔지.

또 붕당의 빌미가 됐던 이조 전랑의 관리 추천권을 없애고, 서원도 크게 정리했어. 붕당이 뿌리내리고 있던 곳이 바로 서원이었거든.

영조는 탕평 정치에 대한 확고한 뜻

영조 어진 (보물 932)
조선의 21대 왕인 영조의 어진이야. 경희궁 서쪽의 태령전에서 모시고 있어. 영조는 52년간 임금으로 있으면서 조선 후기의 경제와 문화를 꽃피웠단다.

을 알리기 위해 '탕평비'도 세웠단다.

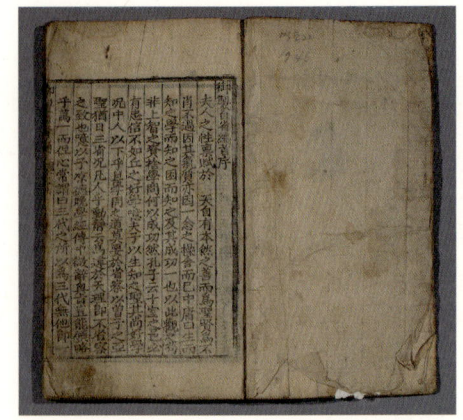

어제자성편
영조가 아들 사도 세자를 위해 직접 쓴 교재란다. 평소에 느끼고 생각한 바를 모아서 엮은 책이지. 영조는 사도 세자가 이 책을 읽고 왕의 도리와 왕실의 가업을 이해하기 바랐어.

두루 사귀고 치우치지 않는 것은 군자의 바른 마음이요, 치우쳐서 두루 사귀지 못하는 것은 소인의 사사로운 욕심이다.

탕평비에 새겨 넣은 글귀야. 영조는 탕평비를 성균관의 반수교(성균관 동쪽에 있던 다리) 위에 세워, 성균관에서 공부하는 유생들이 늘 볼 수 있게 했지. 탕평비는 지금 성균관대학교 안에 보관되어 있단다.

영조의 탕평책이 차츰 자리를 잡으면서, 붕당 간의 세력 균형이 이루어지고 정국도 어느 정도 안정되었지. 또 왕권도 그만큼 강화되었단다. 영조는 이러한 안정을 바탕으로 여러 개혁에 착수했어. 백성들의 생활이 나아질 수 있도록 말이야.

먼저 가혹한 형벌을 금지하고, 백성들의 군역 부담을 덜어 주기 위해 균역법을 실시했어. 앞에서 균역법에 대해 이야기했지. 이 균역법을 처음 실시한 것이 영조 때야.

또 문물제도를 정비하기 위해 《속대전》과 《동국문헌비고》를 편찬했어. 《속대전》은 《경국대전》을 편찬한 뒤에 만든 법령 가운데 시행할 만한 것을 골라서 엮은 법전이야. 《동국문헌비고》는 조선의 정치·경제·문화 등 여러 분야의 제도와 문물을 분류

화성 융릉
사도 세자와 부인인 혜경궁 홍씨를 합장한 무덤이야. 사도 세자는 왕위에 오르지 못하고 죽음을 맞았지만, 훗날 고종이 '장조'라는 임금의 칭호를 바쳤어. 그의 무덤 역시 '융릉'이란 이름으로 격이 높아졌단다.

해서 정리한 책이고.

탕평책을 강하게 밀고 나가기는 했지만, 영조는 노론의 지지로 왕이 되었기 때문에 당파에서 완전히 자유로울 수가 없었어. 그러던 중 일부 소론 세력이 무력으로 정권을 탈취하려고 하는 사건이 일어났단다.

이 일로 소론은 힘이 크게 약해지고, 노론이 정권의 중심 세력으로 떠오르게 되었어. 영조의 탕평책도 붕당 정치의 나쁜 뿌리를 완전히 뽑아내지는 못했던 거야.

그 후에도 노론과 소론 사이의 다툼은 계속되었어. 그리고 영조는 아들 사도 세자를 뒤주 속에 가둬 죽이는 비극적인 사건에 말려들게 된단다.

● 사도 세자의 죽음

사도 세자는 영조가 마흔이 넘어서 얻은 아들이야. 이복형인 효장 세자가 일찍 죽자, 두 살 때 세자로 책봉됐지. 사도 세자는 어려서부터 영특하고 글을 잘 읽고 지었다고 해. 그러나 영조를 왕위에 오르게 해 준 노론은 사도 세자를 싫어했어. 사도 세자가 노론의 권력 독점을 비판하며, 소론이나 남인을 가까이했기 때문이야.

그래서 노론은 사도 세자를 제거할 음모를 꾸몄단다. 영조의 뒤를 이어 사도 세자가 왕이 되면 자기들의 권력을 잃을까 두려웠기 때문이었지. 노론은 여러 거짓을 꾸며 사도 세자를 비방하는 상소를 올리기 시작했어. 영조와 사도 세자의 사이를 갈라놓으려고 이간질을 한 거야.

노론 세력이 바라던 대로 영조는 점점 사도 세자를 싫어하게 되었고, 마침내 영조의 분노가 폭발했단다. 노론의 부추김을 받은 나경언이 사도 세자의 열 가지 비행을 적은 상소를 올리며 '세자가 군사를 모아 대사를 도모하려 한다.'고 고변(반역을 고발함)했기 때문이야. '대사를 도모한다.'는 것은 사도 세자가 아버지인 영조를 몰아내고 스스로 왕이 되려 한다는 뜻이었지.

분노한 영조는 사도 세자에게 스스로 목숨을 끊으라고 명했어. 사도 세자가 억울함을 호소하며 명을 따르지 않자, 영조는 사도 세자를 뒤주 속에 가둬 버렸어. 세자는 한여름의 무더위와 굶주림으로 8일 만에 뒤주 속에서 죽고 말았지. 그때 사도 세자의 나이는 스물여덟이었어.

당파 싸움을 막기 위해 탕평책을 썼던 영조였지만, 오히려 영조 자신이 당파 싸움의 희생자가 되어 귀한 아들을 뒤주 속에 가둬 죽이고 말았단다. 영조는 나중에 이를 후회하며 '사도(思悼, 생각하고 슬퍼함)'라는 시호를 내렸어.

뒤주 뒤주는 곡식을 담기 위해 나무로 만든 상자를 말해. 영조가 아들인 사도 세자를 뒤주에 가두어 죽게 만든 것이지.

정조, 조선을 다시 일으켜 세우다

영조의 뒤를 이어 왕이 된 정조는 영조의 손자이자 뒤주에 갇혀 죽은 사도 세자의 아들이야.

아버지를 죽음에 이르게 한 세력에게 목숨의 위협을 받아 가며 왕위에 오른 정조는 붕당의 폐해를 뿌리 뽑기 위해 적극적으로 탕평책을 써 나갔어. 붕당이나 신분을 가리지 않고 능력 있는 인물을 고루 관리로 등용하고, 각 붕당의 주장이 옳은지 그른지를 바르게 가리기 위해 노력했지.

먼저 '규장각'을 설치해서 자신의 정책을 뒷받침하기 위한 강력한 정치 기구로 만들었어. 규장각은 왕실 도서관으로, 이곳에서 당파에 물들지 않은 젊고 능력 있는 인재를 개혁 세력으로 육성했단다.

또 '장용영'을 설치해서 왕권을 뒷받침할 수 있는 군사적 기반도 강화했어. 당시 군사 분야에는 노론의 입김이 크게 작용하고 있었거든. 그런 노론의 세력을 견제하기 위해 장용영을 설치한 거야.

민생 안정과 문화 발전을 위해서도 많은 노력을 기울였지. 육의전(나라에서 필요한 여섯 종류의 물품을 독점해서 팔던 대형 상점)을 제외한 일반 상인에게도 도성 안에서 자유로운 상업 활동을 허용했어(통공 정책). 또 서얼(양반의 자손 가운데 첩의 자식)과 노비에 대한 차별도 완화했어. 그래서 박제가, 유득공 같은 서얼 출신이 파

정조
조선의 22대 왕인 정조의 어진이야. 정조는 할아버지 영조의 탕평책을 이어받아 다양한 개혁을 시도했단다. 능력에 따라 인재를 뽑고, 농사법을 개발하는 등 많은 업적을 남겼어.

규장각
정조는 1776년, 창덕궁 후원에 규장각을 세웠어. 왕이 쓴 편지와 책 등을 보관하는 왕실 도서관의 역할을 했던 곳이지. 규장각의 경치를 그린 이 그림은 조선 후기의 대표 화가인 김홍도의 작품이란다.

격적으로 관리에 등용되기도 했단다.

《대전통편》《탁지지》같이 문물제도와 통치 규범을 정리한 책도 편찬하고, 중국과 서양의 과학 기술을 받아들여 실용적인 학문을 발전시키는 일에도 많은 노력을 기울였지.

한편 정조는 왕이 된 지 18년이 지난 1794년부터 수원에 '화성'이라는 신도시를 건설하기 시작했단다. 정조는 왕이 된 후 과감한 개혁 정책을 펼쳤지만, 번번이 노론 세력의 반발에 부딪쳤어. 그래서 노론 세력의 근거지인 한양이 아닌 새로운 곳에 신도시를 건설하려 했지.

화성 신도시의 성곽을 설계한 사람은 규장각 출신의 실학자 정약용이야. 정약용은 과학적이고 치밀한 설계로 돌과 벽돌을 섞어 견고하게 성을 쌓고, 도르래의 원리를 이용한 거중기를 만

정조 임금이 쓴 칠언시
(보물 1632-1)
칠언시는 한 구절이 일곱 글자로 되어 있는 시를 말해. 이 작품은 전라도 관찰사로 임명된 신하를 위해 정조가 직접 짓고 글씨를 쓴 시란다. 문예에 뛰어났던 정조의 솜씨를 살펴볼 수 있는 귀중한 자료이지.

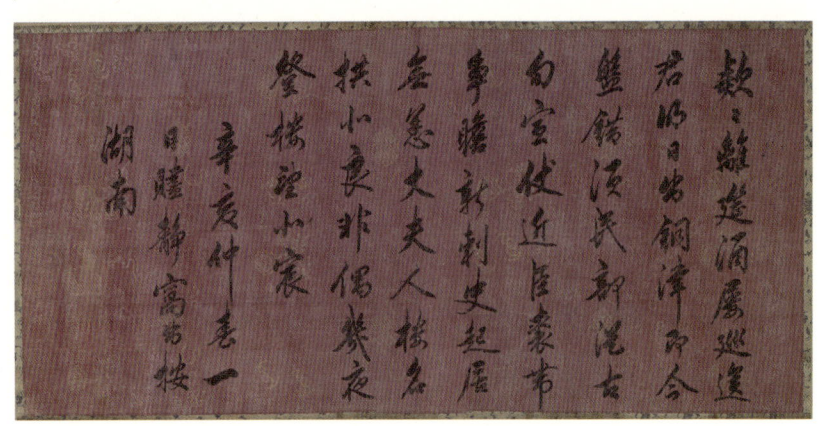

들어 무거운 재료를 들어 올렸어.

거중기의 오른쪽과 왼쪽에 각각 15명만 있으면 1만 2천 근(7.2톤)을 들어 올릴 수 있었다고 해. 한 사람이 약 4백 근(240킬로그램)을 들었다는 계산이 나오지.

또 공사에 동원된 백성들에게 꼬박꼬박 품삯을 주었다고 해. 당시에는 이런 나랏일에 강제로 백성을 동원해도 돈 한 푼 안 주는 게 당연했거든. 이런 것을 '부역'이라고 하지.

그뿐이 아냐. 날이 더울 때는 인부들에게 몸을 보호하는 환약을 주었고, 아파서 치료를 받느라 일을 못 하면 그 기간에도 품삯을 주었단다. 그 밖에도 일의 성과에 따라 수당을 지급하고,

수원 화성 화홍문
화홍문은 화성의 수문이야. 북쪽에 있어서 '북수문'이라고도 불러. 지금의 경기도 수원시에 있지. 정조 때 지은 수원 화성은 총 길이가 약 5.7킬로미터, 면적은 약 1.3제곱킬로미터나 된단다. 1997년에 유네스코 세계 문화유산으로 등재되었어.

1. 붕당 정치와 탕평책 | 23

가끔 잔치를 열어 일꾼들의 노고를 위로해 주었어.

어떠니? 그 시절에 백성들에게 이와 같이 대우를 해 주며 일을 시켰다는 것이 놀랍지 않니?

처음 공사를 시작할 때는 기간을 10년으로 잡았어. 그렇지만 2년 9개월 만에 공사가 끝났단다. 일꾼들이 좋은 대우를 받는 만큼 열심히 일했고, 과학적인 기구를 사용해서 일의 능률이 올랐기 때문이야.

신도시가 완성되자 화성으로 농민, 상인, 수공업자 들이 몰려들었단다. 정조는 화성을 새로운 경제 도시로 만들기 위해 옮겨 오는 사람들에게 많은 세금 혜택을 주었거든.

정조의 현륭원 행차
정조는 매년 아버지 사도 세자의 생일이면 수원에 있는 화성 융릉을 찾았어. 이 그림에는 정조 일행이 한양에서 수원 화성으로 떠나는 모습부터 다시 창덕궁으로 돌아가는 모습까지 자세하게 담겨 있어.

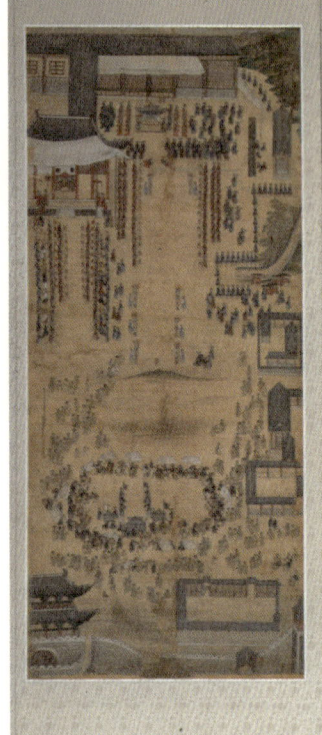
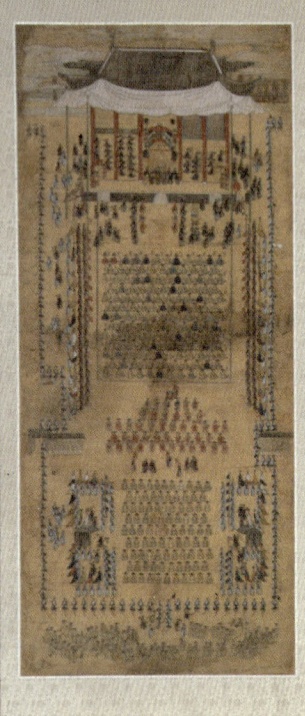
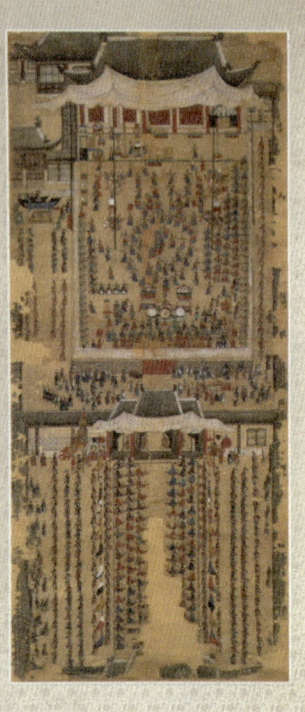

그러나 정조가 갑자기 죽는 바람에 신도시에 대한 정조의 꿈은 물거품이 되었어. 그리고 화성은 점점 황폐한 도시로 변하고 말았지.

신도시뿐만이 아냐. 정조의 탕평책도 물거품이 되었지. 정조가 강력한 왕권으로 붕당 간의 대립을 일시적으로 억누르기는 했지만, 완전히 뿌리를 뽑을 수는 없었어. 그 뿌리가 그만큼 깊었기 때문이야.

정조가 갑자기 죽고 어린 순조가 왕이 되자 노론 세력이 다시 권력을 잡았어. 그리고 몇몇 외척이 권력을 독점하는 세도 정치가 시작되었지.

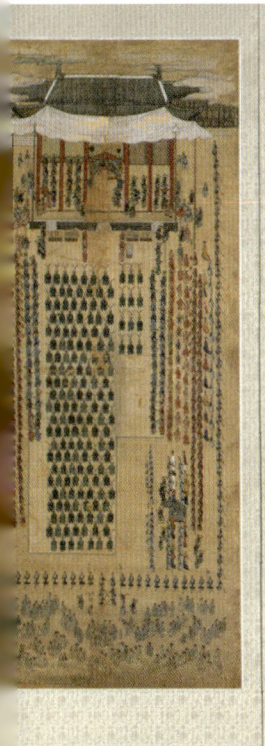

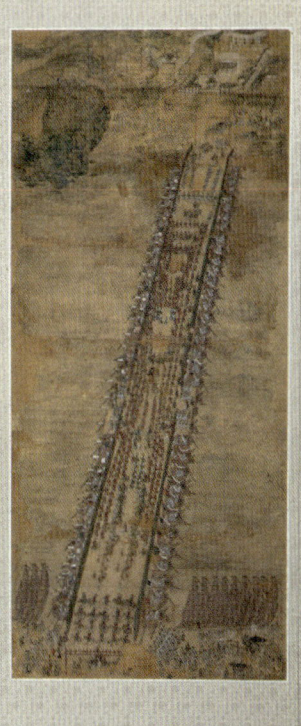

2

변화하는 조선 사회

조선 후기에는 정치적 변화 외에도 다양한 사회적 변화가 일어났단다. 군사 제도와 세금 제도가 크게 바뀌고, 오늘날과 같은 모내기법을 사용해서 농사를 짓기 시작했어. 또 갈수록 도시 인구가 늘어나면서 상업과 수공업이 발달했지. 돈으로 신분을 사고팔기도 하면서 신분 제도가 흔들렸고, 실학이라는 새로운 학문도 등장했단다. 어떠니, 정말 많은 변화가 있었지?

변화하는 조선 사회

새로운 제도가 시행되다 | 농촌의 변화 | 수공업과 상업의 발달 | 흔들리는 신분 제도 | 새로운 학문, 실학의 발달 | 실학이 몰고 온 변화 | 문학과 예술 분야의 새바람

새로운 제도가 시행되다

두 번의 큰 전쟁을 거치면서, 조선에는 여러 분야에서 변화의 움직임이 일렁였단다.

먼저 정치 제도와 군사 조직의 변화에 대해서 알아볼까? 두 번의 큰 전쟁과 직접적인 연결 고리를 맺고 있는 것이 바로 이 두 분야니까.

먼저 '비변사'가 정치의 중심 기구로 떠올랐어.

비변사는 중종 때 처음 설치한 임시 기구였지(1510년). 여진과 일본이 북쪽 국경 지대와 남쪽 해안 지방에 자주 침입하자, 여기에 대비하고자 군사 문제를 논의하기 위해 설치한 기구였어.

비변사는 왜란과 호란을 겪으면서 군사뿐 아니라 일반 행정 업무까지 담당하는 기구로 강화되었단다. 그래서 최고 통치 기구인 의정부가 제 구실을 못 하게 되었고, 왕의 권한도 약해졌어.

군사 제도도 새롭게 바뀌었어. 중앙군에 훈련도감을 설치해서, 활과 창으로 무장한 부대 외에 일본의 조총에 맞설 수 있는 조총 부대를 만들었지. 조총 부대에 소속된 군사들은 장기 근무를 하는 직업 군인으로 급료도 받았어.

또 청나라와 항쟁하면서 수어청·총융청·어영청을 설치하고, 숙종 때는 금위영을 설치했어. 이로써 중앙군은 훈련도감까지 포함하여 '5군영' 체제를 갖추게 되었단다.

지방군도 왜란을 겪으면서 '속오군' 체제로 바뀌었어. 속오군은 양반에서 노비에 이르기까지 모든 신분의 사람을 하나의 부대에 편성한 제도야. 그래서 평화로울 때는 각자 생업에 종사하다가, 전쟁이 일어나면 함께 전투에 참여했어.

세금 제도 역시 크게 바뀌었단다. 백성들은 두 번의 전쟁으로 먹고살기도 힘들어진 터에 세금까지 높아서 더더욱 살기 어려워졌어. 또 나라는 나라대로 세금이 제대로 걷히지 않아서 살림이 크게 어려워졌어. 이런 문제의 해결을 위해 세금 걷는 제도를 새롭게 바꾼 거야.

먼저 대동법을 실시해 공물을 걷는 제도를 바꾸

평시서에서 제작한 족두리전 수세패
평시서는 조선 시대에 시전의 도량형·물가 등을 관리하는 관청이었어. 때로는 평시서에서 몇몇 가게를 지정해 대신 세금을 걷도록 했는데, 이때 수세패를 몸에 달도록 했어. 사진은 족두리 가게에서 사용했던 수세패야.

2. 변화하는 조선 사회 | 29

고, 균역법을 실시해 군포 걷는 제도를 바꿨어.

또 전세(토지에서 걷는 세금) 제도도 바꿨어. 예전에는 풍년과 흉년에 따라 토지 1결에서 걷는 세금을 4말부터 20말까지 등급별로 나누었는데, 이제는 풍년과 흉년에 관계없이 토지 1결당 4말만 걷도록 한 거야. 이 제도로 세금은 줄었지만, 토지가 적거나 없는 사람에게는 혜택이 돌아가지 않았어.

새로운 제도가 시행되고 처음 얼마 동안은 백성의 세금 부담이 줄었어. 하지만 시행 과정에서 여러 폐단이 생기면서 농민의 부담은 다시 늘어났단다.

● 대동법과 균역법

국가에서 필요한 물품을 확보하기 위해 각 지역의 특산품을 그 고을에서 집집마다 세금으로 거둬들이는 것을 공물이라고 해. 그런데 그 지역에서 생산되지도 않는 물품을 공물로 바치라고 하거나, 공물을 대신 내주고 그 값을 받는 등 관리들의 횡포가 심했어.
이와 같은 잘못을 고치기 위해 특산품으로 공물을 내던 것을 토지의 많고 적음을 구분해서, 쌀·면포·동전으로 낼 수 있게 한 제도가 대동법이야. 그러나 대동법은 전국적으로 한꺼번에 실시되지 못했어. 광해군 때 경기도에서 처음 실시한 이후(1608년), 전국에서 모두 시행되는 데에는 백 년이나 걸렸단다.
균역법은 2필씩 내던 군포를 1필로 줄여 준 제도야. 군포는 병역의 의무가 있는 양인 남자(16세 이상 60세 이하)가 군대에 가지 않는 대신 세금으로 베를 내던 것을 말해. 이 세금은 중앙군인 5군영을 운영하기 위해 내던 것이었는데, 줄어든 군포 수입은 다른 여러 세금으로 보충했어.

농촌의 변화

조선 시대 경제의 바탕은 농업이었어. 그래서 예로부터 '농자천하지대본'이라는 말도 있었지. 이 말은 '농사짓는 사람은 천하의 근본'이라는 뜻이야.

두 번의 전쟁으로 국토가 망가지고 많은 사람이 죽어, 농사지을 땅과 사람 모두 크게 줄었지. 그래서 백성들의 살림살이뿐 아니라 나라 살림 또한 매우 어려워졌어. 이런 문제를 해결하기 위해 나라에서는 황무지 개간을 장려하고, 양반 지주들도 황무지 개간에 적극 나서면서 농사지을 땅이 크게 늘어났어.

또 농민들은 농기구와 비료 주는 방법을 개량하는 등 농사 기

논갈이 (보물 527) 김홍도가 그린 풍속화로 《단원 풍속도첩》에 실려 있단다. 이 그림을 보면 조선 시대에 어떻게 농사를 지었는지 알 수 있어.

벼 타작 (보물 527) 논갈이와 마찬가지로 김홍도의 《단원 풍속도첩》에 실려 있는 풍속화야. 벼를 타작하는 조선 시대 농촌의 모습을 잘 보여 준다. 김홍도의 그림을 보면 백성들이 어떻게 먹고 살았는지 알 수 있어.

술을 발전시켰단다. 가뭄과 홍수에 대비할 수 있도록 저수지를 만드는 등 수리 시설도 늘어났어.

저수지가 늘어나면서 전국 어디서나 모내기를 해서 벼농사를 짓게 되었지. 그전에는 논에 직접 볍씨를 뿌려서 벼농사를 짓는 경우가 많았거든. 이와 달리 모내기는 모판에 볍씨를 뿌려 싹을 틔우고, 어느 정도 자라면 논에 옮겨 심어 벼농사를 짓는 방법이야. 오늘날의 벼농사와 같은 방식이지.

모내기는 고려 후기부터 시작했는데, 조선 초기에는 나라에서 못 하도록 막았어. 모내기를 하려면 논에 물이 있어야 되는데, 가뭄이 들면 모내기를 할 수 없으니 농사를 완전히 망쳐 버리게 되거든. 그 손실이 너무 컸기 때문에 나라에서 못 하게 했어. 저수지가 늘어나 가뭄이 들어도 논에 물을 댈 수 있게 되자, 나라에서 다시 모내기로 벼농사를 지을 수 있도록 한 거야.

모내기법으로 벼농사를 지으면서, 김매는 데 드는 노동력이 크게 줄어들고 생산량은 크게 늘어났어. 또 같은 땅에 벼와 보리를 잇달아 심어서 거두는 이모작도 할 수 있게 되었지. 뿐만 아니라 담배·인삼·면화·채소·약재처럼 내다 팔기 위한 작물(상품 작물)의 재배도 늘어났어.

이처럼 농업 생산량과 상품 작물의 재배가 늘어나면서 일부 농민은 부유층이 되기

철제 은입사 담배합
담배는 임진왜란 이후 우리나라로 들어왔어. 조선 후기로 넘어가면서 널리 유행했지. 담배를 넣어 두는 통을 이렇게 멋지게 만들 정도로 말이야.

도 했단다. 또 일부 양반 지주는 농민에게 소작을 주는 대신 노비와 머슴을 늘려 직접 농사를 짓기 시작했지. 모내기로 농사를 지으면서, 예전처럼 많은 노동력이 없어도 농사를 지을 수 있게 되었기 때문이야. 그래서 농사지을 땅을 잃은 소작농들은 품삯을 받고 일하는 날품팔이가 되는 등, 농촌에서 잘살고 못사는 차이가 커졌단다.

한편 일본에서는 고구마, 중국에서는 감자가 들어와 흉년으로 굶주림이 심할 때 밥 대신 먹을 수 있게 되었어. 이런 농산물을 구황 작물이라고 해.

수공업과 상업의 발달

조선은 건국 초기부터 농업을 중요하게 여겨서, 상업이나 수공업에 종사하는 사람들을 천하게 생각했어. 그러나 후기에 접어들어 도시 인구가 늘어나면서 상업과 수공업이 발달하게 되었지. 따라서 그 일에 종사하는 사람들의 지위도 달라졌어.

예전에는 관청에 소속된 수공업자들이 관청에서 필요한 옷·활자·그릇·무기·화약 같은 물품을 만들었어. 그런데 관청에서 풀려나 '장인세'라는 세금만 내면 자유롭게 물건을 만들어 팔 수 있게 되었어. 민영 수공업이 발달하기 시작한 거야.

민영 수공업자들의 작업장을 흔히 '점(店)'이라고 해. 이때부터 철점, 사기점, 유기점 등이 생겨났어. 점에서 생산되는 물건들은 관청에서 만든 물건과 비교해 품질이 좋고 가격 면에서도 경쟁력이 있었지.

수공업과 더불어 상업도 크게 발달했어. 상업 발달을 이끈 것은 공인과 자유 상인이야. 공인은 대동법 시행으로 특산품(공물)을 세금으로 내지 않게 되면서 나타난 상인을 말해. 공인은 예전에 세금으로 걷었던 특산품을 사들이고 나라에 되팔아 이익을 남겼지. 또 한 가지 물품을 대량으로 사들이는 도매업으로 이익을 남기기도 했어.

'금난전권'이 폐지되면서 자유 상인의 활동도 활발해졌어. 금난전권이란 육의전(나라에서 필요한 여섯 종류의 물품을 독점해서 팔던 대형 상점)을 비롯한 시전 상인의 특전을 말해. 이들은 도성(한양) 밖 10리 안에서 자유 상인이 물건을 팔지 못하도록 금지할 수 있었거든.

지방의 장시 수도 크게 늘어났어. 장시는 정해진 날짜에, 정해진 장소에 모여서 물건을 사고팔던 시장을 말해. 보통 닷새에 한 번씩 장이 열려서 '오일장'이라고 부르지. 장시에는 부근에 사는 사람들이 물건을 가지고 나와 사고파는 것은 물론, 물건을 지고 이 장에서 저 장으로 돌아다니며 파는 보부상도 모여들었어. 보부상은 여러 지방의 큰 장시를 서로 연결해 주고, 생산자와 소비자를 연결해 주는 중요한

보부상
보부상은 봇짐장수인 '보상'과 등짐장수인 '부상'을 함께 이르는 말이야. 봇짐장수는 부피가 작은 물건을 보자기에 싸서 장사를 했고, 등짐장수는 그림처럼 부피가 큰 물건을 지게에 지고 다니며 장사했어.

구실을 했단다.

  장시에 많은 사람이 모이면서 사당패의 놀이마당이 벌어지고, 각설이패도 등장했어. '사당패'는 조선의 각 지방을 돌아다니며 노래와 춤을 보여 주고, 물건도 팔았던 유랑 극단을 말해. '각설이'란 장이나 길거리에서 장타령을 부르며 구걸하던 동냥아치를 일컫는 말이고.

  어떠니? 장시의 떠들썩하고 흥겨웠던 분위기를 짐작할 수 있겠니?

  상업이 발달하면서 화폐 사용도 활발해졌어. 바로 '상평통보'라는 화폐야. 상평통보를 처음 만든 것은 인조 때였어. 그렇지

저잣길
조선 시대 시장의 모습을 보여 주는 이 그림은 신윤복의 작품이야. 저잣길은 시장이 늘어선 길을 뜻한단다. 여인들이 입은 옷이나 팔고 있는 물건으로 조선 후기의 생활상을 짐작할 수 있어.

줄타기
조선 시대에는 신분 질서가 엄격했단다. 그림 속에서 줄타기를 하는 광대는 농민보다 낮은 신분이었어. 양반이나 농민 들의 차별로 광대는 따로 모여 살았지. 대한 제국 말기에 활약한 풍속화가 김준근이 그렸단다.

2. 변화하는 조선 사회 | 35

상평통보
상평통보는 둥근 모양에 네모진 구멍이 뚫린 형태로 생겼어. 뒷면에는 이 동전을 만들어 낸 관청을 표시했고. 상평통보는 조선 시대에 가장 널리 사용한 엽전이었단다.

만 잘 사용되지 않다가 숙종 4년부터 전국적으로 널리 쓰기 시작했어(1678년). 그전까지 물건을 사고 파는 데 사용했던 쌀이나 베보다 훨씬 편리하다는 사실을 깨닫게 된 거지.

나라 안의 상업 발달과 함께 청나라·일본 등과의 무역도 활발하게 이루어졌어. 그래서 큰돈을 번 상인들이 나타나기도 했지.

나라 안의 상업 활동은 물론 외국과의 활동에서도 가장 두드러진 활약을 보인 사람은 '송상'이라 불린 개성상인들이었어.

흔들리는 신분 제도

정치와 경제 분야의 변화는 양반 중심의 신분 제도에도 영향을 미치기 시작했어. 이러한 변화는 붕당 정치에서 비롯됐어. 붕당 정치로 일부 정파가 권력을 독점하는 일이 벌어지면서, 관직에 나가지 못하는 수많은 양반이 향촌에서 겨우 세력을 유지하게 되었거든. 심지어 경제적으로 몰락하는 경우도 있었지.

경제적으로 몰락한 양반 중에는 상민과 마찬가지로 농사를 짓거나, 임노동자(돈을 받고 일하는 사람)가 되는 경우도 있었지.

또 서얼과 중인 들이 양반과의 신분 차별에 반기를 들기 시작했어. 서얼은 문과 응시와 관직에 진출하지 못하는 법을 폐지해 달라고 요구했고, 중인은 전문적인 능력과 경제력을 바탕으로 자신들의 신분을 상승시키려 했어.

뿐만 아니라 경제 활동으로 부를 축적한 상민은 납속(곡식을 받고 벼슬을 팔거나 천인의 신분을 면제해 주는 정책)을 하거나, 공명첩(받는 사람의 이름을 쓰지 않은 백지 임명장)을 사서 양반으로 신분을 바꿨지. 족보를 사거나 위조해서 양반 행세를 하기도 했고. 양반은 군역을 면제받았기 때문에 신분 상승에 대한 상민의 욕구는 더욱 컸단다.

많은 상민의 신분 상승이 이루어지면서, 상민 수는 크게 줄고 양반 수는 그만큼 많아졌어. 양반 신분의 가치가 떨어진 거야. 상민뿐 아니라 노비의 신분 상승도 이루어졌어. 노비는 전쟁에서 공을 세우거나, 납속·도망 등으로 천민 신분에서 벗어났지. 나라에서도 상민 수가 줄어 군역 대상자가 줄자, 부족한 군역 대상자를 늘리고 세금도 걷기 위해 노비 수를 줄이고 상민 수를 늘리려 했어.

이처럼 양반 수가 갑자기 많이 늘어나고 상민과 노비의 수가 줄어들면서, 조선 사회의 전통적인 신분제는 크게 흔들리게 되었어.

학생을 통정대부승정원좌승지 겸 경연찬관에 임명하는 교지
오늘날의 임명장이라고 할 수 있어. 조선 후기에는 이러한 임명장을 돈으로 사고팔면서 신분의 변동이 생기기도 했지. 그만큼 신분 제도가 흔들리고 사회가 혼란스러웠다는 걸 알 수 있어.

새로운 학문, 실학의 발달

앞서 이야기한 것처럼 임진왜란과 병자호란 이후 조선은 여러 분야에서 커다란 변화가 일어났지만, 당시의 집권 세력은 여기에 제대로 대응하지 못했어. 오히려 백성들의 생활과는 아무런 관계가 없는 성리학의 예법 논쟁에 매달려 권력을 잡기 위한 싸움에만 정신이 팔려 있었지.

이처럼 이론과 형식에 치우쳐 실제 생활에는 도움도 안 되고 논쟁만 되풀이하는 당시의 성리학을 비판하는 새로운 학문이 머리를 들었어. 바로 '실학'이야. 실학자들은 학문이란 모름지기 실제 생활에 쓸모가 있어야 한다고 주장했지. 이러한 실학의 선구자는 이수광과 김육이야.

이수광은 《지봉유설》이란 책을 지었어. 《지봉유설》은 우리나라 최초의 백과사전이라고 할 만한 책이야. 이수광은 이 책에서 우리나라와 중국의 전통과 문화를 폭넓게 정리해 놓았어.

이수광 묘지
우리나라에 처음으로 서학, 곧 천주교를 들여온 이수광의 묘에서 발견했어. 묘지는 죽은 사람이 어떤 집안에서 태어나 어떤 활동을 했는지 등을 적어 묘에 함께 묻는 거란다.

김육은 임진왜란과 병자호란 후 고통받고 있던 백성들을 구제하기 위해 크게 힘썼던 인물이야. 또 대동법을 확대 실시하고, 동전(상평통보)이 널리 사용되게 하는 데에도 많은 애를 썼지.

실학자들은 당시 사회의 잘못된 점을 비판하고 개혁을 주장했지만, 학자마다 관심 분야는 조금씩 달랐어. 그럼 실학자들의 주장을 분야별로 알아볼까?

먼저 농업 분야의 개혁을 주장한 실학자들에 대해서 알아보자꾸나. 이런 학자들을 '중농학파'라고 해. 유형원, 이익, 정약용 등이 중농학파의 대표적인 실학자야.

유형원은 평생 벼슬을 하지 않고 농촌에 살면서 《반계수록》이라는 책을 지어, 농업 분야를 어떻게 개혁할 것인가에 대해서 이야기했어. 그는 양반이 대부분의 토지를 소유하고 있는 현실을 비판하며 토지 제도의 개혁을 주장했지.

나라 안의 모든 토지를 나라의 소유로 한 다음, 농민들에게 일정한 면적의 토지를 골고루 나눠 주자는 것이 유원형의 주장이었어. 또 과거 제도와, 부모가 노비라면 자식까지 노비가 되는 노비 세습 제도도 강하게 비판했어.

이익은 《성호사설》이라는 책을

성호사설유선
이익이 쓴 《성호사설》을 안정복이 정리한 책이야. 중요하다고 생각되는 부분을 분야별로 골라서 모아 놓았지.

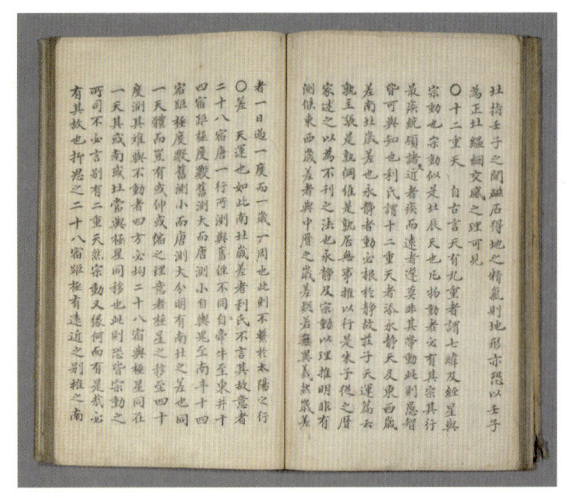

지어 유형원보다 한걸음 더 나아간 주장을 했어. '모든 농민에게 영업전을 나눠 주고 마음대로 사고팔 수 없게 하자.'는 주장이었지. 영업전은 어떤 경우라도 농민이 최소한의 생활을 할 수 있도록 보장해 주는 토지로, 소유는 하지만 매매할 수 없는 토지를 말해. 이익의 이런 주장을 '한전론'이라고 해.

정약용도 '여전론'을 펼쳐 토지 제도의 개혁을 주장했어. 여전론은 마을 단위로 농사짓는 땅을 공동 소유하고 함께 농사지어, 일한 만큼 수확한 것을 나눠 갖도록 하자는 주장이야.

어떠니? 실학자들의 주장이 지금 우리가 생각하기에도 놀랍지 않니?

정약용은 농업 분야뿐 아니라 과학 기술과 상공업 분야에도 많은 관심을 보였어. 화성 신도시를 설계하고, 거중기를 만들어 공사에 사용하게 한 것도 정약용이었지. 이 이야기는 앞에서도 했지.

한편 정약용은 《목민심서》《경세유표》등 5백여 권의 책도 지었어. 《목민심서》는 고을의 수령이 지켜야 할 도리와 관리들의 폭정을 비판한 책이고, 《경세유표》는 국가 조직의 개편과 부국강병(나라를 부자로 만들고 군사력을 높이 키우는 것)에 대해서 쓴 책이야.

이런 여러 업적이 높이 평가되어 정약용에게는 '실학을 집대성한 조선 후기 최고의

정약용
조선 후기의 대표적인 실학자 중 한 명이야. 정약용은 농업, 상공업, 과학 등 다양한 분야에 뛰어났어. 수백 권의 저서를 남겼을 뿐만 아니라, 거중기를 발명하여 수원 화성의 공사 기간을 줄이기도 했어.

학자'라는 찬사가 따라다니고 있단다.

지금까지 농업 분야의 개혁을 주장하는 실학자들에 대해서 알아봤는데, 구체적인 방법은 서로 차이가 있지만 농촌 문제를 농민의 편에 서서 생각하고 해결하려 했다는 데 공통점이 있어.

목민심서
정약용이 유배되었던 동안 지은 책이야. 관리들이 저지른 나쁜 일을 예로 들어 백성을 다스리는 바른길을 설명했단다.

실학이 몰고 온 변화

농업과 함께 상공업이 발달하면서, 일부 실학자들은 상공업을 발전시키는 정책을 펴서 조선 사회를 개혁해야 한다는 생각을 하게 되었어. 이들을 '중상학파' 또는 '북학파'라고 해. 북학파는 이들이 청나라의 발달한 문물을 받아들여야 한다고 주장했기 때문에 붙은 이름이야. 대표적인 중상학파 실학자로는 유수원, 홍대용, 박지원, 박제가 등을 꼽을 수 있어.

유수원은 가장 먼저 상공업 중심 개혁론을 주장한 실학자야. 농업은 근본으로 여기고 상업을 천하게 여기는 생각을 비판하며, 사농공상(선비, 농부, 공업에 종사하는 장인, 상인)의 직업이 평등하다는 생각을 통해 상공업을 발전시켜야 한다고 주장했어.

홍대용은 나라를 부강하게 만들기 위해서는 기술 혁신과 문벌제도(대대로 이어 내려온 특정 집안의 사회적 신분, 특권 등을 정하는 제도)를 폐지하고 성리학을 극복하는 것이 필요하다고 주장했지.

또 지구가 둥글고 스스로 돈다고 믿어, 중국이 세계의 중심이라는 생각을 비판했어. 조선 시대 사람들은 하늘이 둥글고 땅덩이가 네모나다고 여겼거든. 그리고 그 가운데 중국이 있다고 생각했지.

박지원은 《열하일기》라는 책을 써서 청나라의 여러 제도와 풍습을 소개하고, 청나라의 앞선 문물을 받아들이자고 주장했지. 또 상공업 발전을 위해서는 나라에서 수레와 선박을 발전시켜야 하며, 화폐가 널리 사용돼야 한다고도 주장했어.

그 밖에도 《열하일기》에 실려 있는 〈허생전〉 〈호질〉을 비롯하여, 〈양반전〉 같은 한문 소설을 썼어. 이 소설들은 모두 양반 제도를 꼬집고 비판하는 내용이야. 박지원은 양반이면서도 이런 소설을 썼단다.

박제가는 박지원의 제자야. 박지원의 실학사상은 박제가에 의해 더욱 발전했지. 청나라에 여러 차례 다녀온 경험을 바탕으로 《북학의》라는 책을 써서, 청나라의 문물을 적극적으로 받아들이고 상공업을 발전시켜야 한다고 주장했어. 박지원처럼 수레와 선박을 많이 이용해야 한다는 주장도 하고. 또 생산 활동이 활발해지기 위해서는 절약보다 소비를 장려해야 한다고 주장했단다.

상공업을 발전시키기 위한 방법에 대해

박지원
《열하일기》와 《연암집》을 펴낸 박지원의 초상이야. 박지원은 조선 정조 때의 실학자로, 청나라의 앞선 문물제도를 받아들이자는 '북학'을 주장했어.

서는 학자마다 차이가 있었지만, 중상학파 실학자들은 기술 개발로 생산력을 높이고 생산품의 거래를 활발하게 해야 나라가 부강해질 수 있다는 데 의견을 같이했어.

그러나 중농학파든 중상학파든 실학자들의 주장은 국가 정책에 거의 반영되지 못했단다. 대부분의 실학자가 중앙 정치에서 밀려나 향촌에서 생활하거나, 벼슬에 뜻을 두지 않고 학문에만 전념했기 때문이야.

실학자들은 현실 문제에 대한 개혁뿐 아니라 우리나라의 역사, 지리, 언어 등을 연구하는 데에도 많은 관심을 기울였어.

안정복은 《동사강목》이라는 책을 지어 중국 중심의 역사관을 비판하고, 우리나라 역사의 독자성을 강조했어. 유득공은 《발해고》를 지어 발해를 우리 역사에 적극적으로 포함시켰지. 유득공 덕분에 발해에 대한 관심이 높아지고, 만주 지방까지 우리 역사에 포함시키려는 노력이 이어졌어.

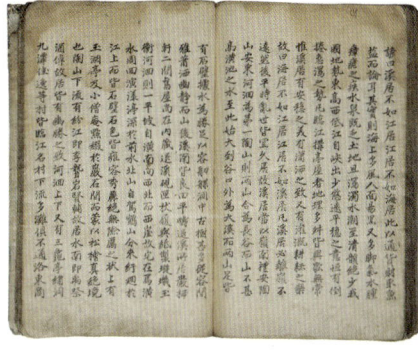

택리지 필사본
《택리지》는 이중환이 전국 8도를 돌아다니며 각 지역을 자세하게 소개한 책이야. 조선 후기를 대표하는 지리서로, 이 책은 《택리지》를 베껴 쓴 것이란다.

우리 국토에 대한 관심이 높아지면서 지리에 대한 책과 지도도 만들었단다. 이중환은 우리나라 곳곳을 다니며 보고 들은 것을 바탕으로 각 지방의 자연환경과 경제, 풍습, 인물 등을 소개하는 《택리지》를 썼지.

김정호는 전국을 걸어서 돌아다니며 〈대동여지도〉를 만들었

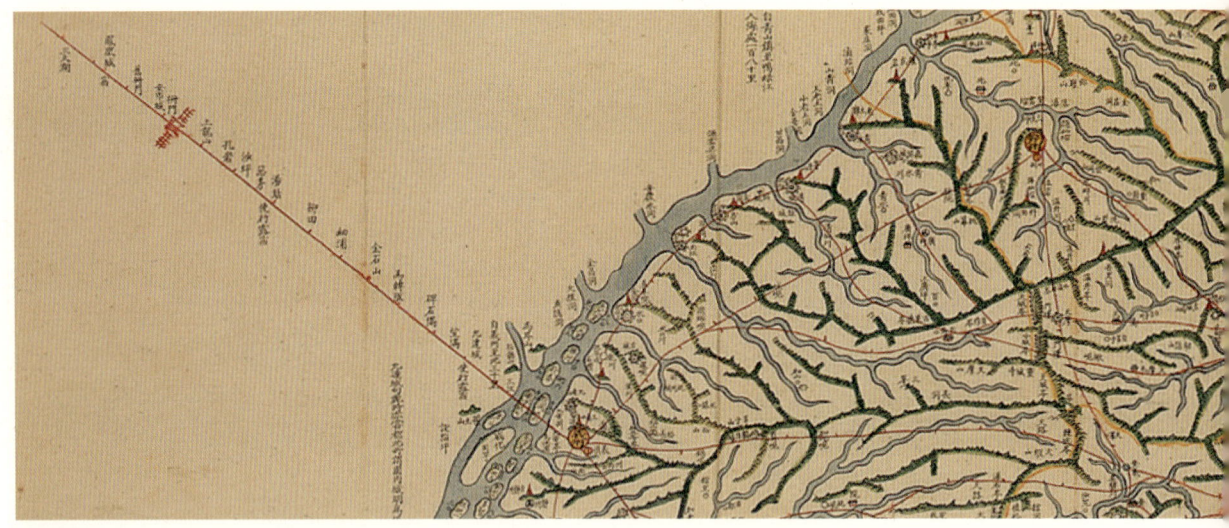

대동여지도
철종 때인 1861년에 김정호가 만든 우리나라 지도야. 김정호는 27년 동안 전국 방방곡곡을 돌아다니며 땅의 모양이나 높낮이 등을 직접 측정해서 지도를 만들었어.

어. 〈대동여지도〉에는 산맥, 하천, 포구, 도로 등이 자세하게 표시되어 있단다.

우리말 연구도 활발하게 이루어졌어. 그래서 한글 음운을 연구한 신경준의 《훈민정음운해》와 유희의 《언문지》가 편찬됐어. 유희는 《언문지》에서 구체적인 예를 들어 가며 한글의 우수성을 설명하고, 한글을 언문이라고 업신여기는 양반들을 비판했단다.

또 정약용의 형인 정약전은 흑산도에서 유배 생활을 하면서 흑산도 바다의 수산물을 연구해 《자산어보》라는 책을 남겼어.

문학과 예술 분야의 새바람

조선 전기의 문학이나 예술 활동은 양반을 중심으로 이루어

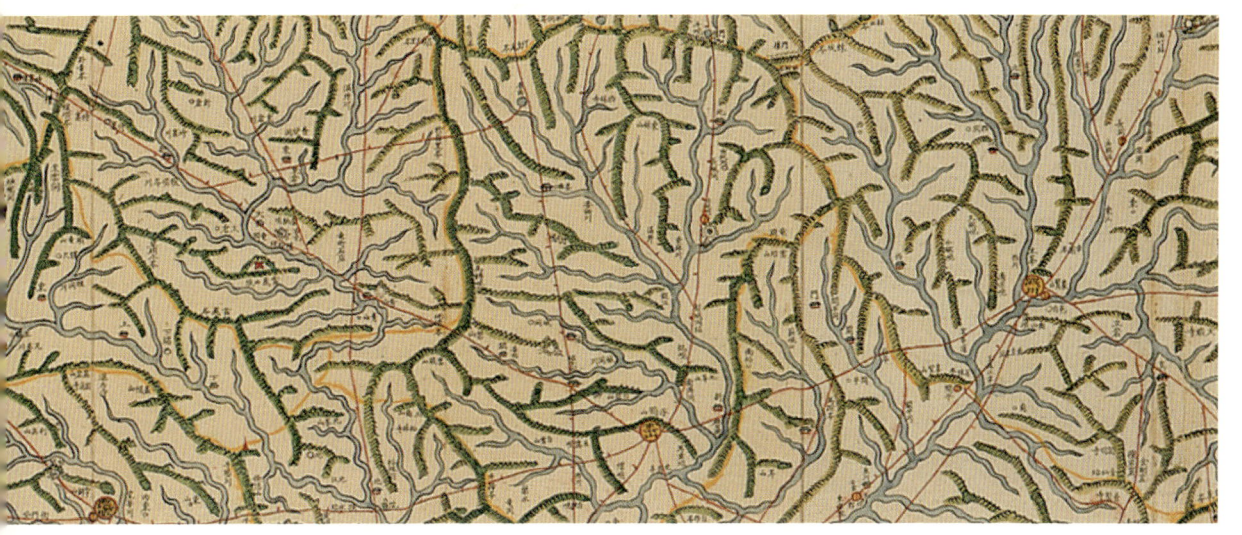

졌어. 먹고살기에 바쁜 서민은 그런 쪽으로 관심을 가질 겨를이 없었지.

조선 후기에 들어 농업과 상공업이 발달하면서 서민도 경제적인 여유가 생기고 사회적 지위도 향상되었지. 그러면서 차츰 문학과 예술에 관심을 갖게 되었어. 또 자녀 교육의 욕구가 커져서 서당 교육이 확대되고, 한글도 널리 보급되었지. 그만큼 서민의 의식 수준도 높아져 서민 문화가 발달할 수 있는 밑거름이 되었단다.

먼저 꼽을 수 있는 새바람은 한글 소설의 유행이란다. 글을 읽고 쓸 줄 아는 서민과 여성이 늘어나면서, 이들이 읽을 수 있는 한글 소설이 많이 나와 크게 유행했어. 〈홍길동전〉〈춘향전〉〈심청전〉〈흥부전〉〈콩쥐팥쥐〉 같은 작품이 대표적인 한글 소설이지.

한글 소설의 내용은 어떤 것이었을까? 현실 세계를 배경으로 평범한 주인공을 등장시켜 사회 비리를 비판하고, 양반의 위선을 풍자하는 내용이 대부분이었어.

서민 사이에서는 사설시조도 유행했어. 서민들은 사설시조를 통해 자신들의 소박한 감정을 자유롭게 표현하고, 현실을 익살스럽게 풍자하기도 했지.

사설시조는 초장·중장·종장의 글자 수가 엄격하게 제한되어 있는 평시조와 달리 초장과 중장의 길이 제한이 없고, 종장의 길이도 긴 형식의 시조를 말해. 글자 수가 자유롭기 때문에 서민의 생각을 서슴없이 대담하게 담아낼 수 있었지.

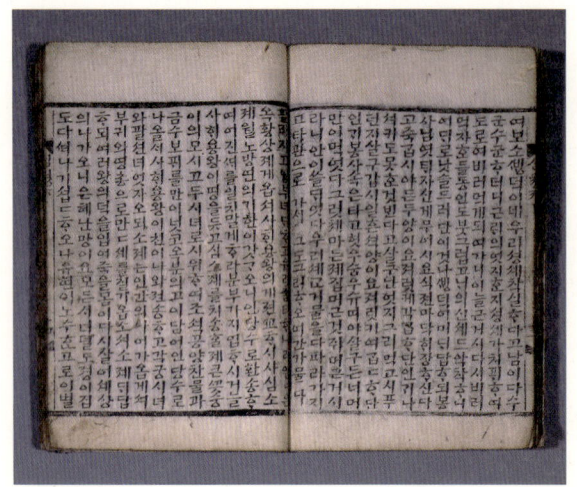

심청전
조선 후기의 대표적인 한글 소설이자 판소리계 소설이야. 맹인인 아버지의 눈을 뜨게 하기 위해 인당수에 빠진 효녀 심청이의 이야기란다.

판소리와 탈춤도 유행했어.

판소리는 부채를 든 소리꾼 광대 한 명이 고수(북 치는 사람)의 장단에 맞춰 이야기를 엮어 가는 노래 공연이야. 창(소리)에 몸짓을 곁들이며 짧게는 두세 시간, 길게는 여덟 시간에 걸쳐 공연했어. 판소리에는 서민들의 소박한 소망과 세상의 잘못을 비판하는 내용이 담겨 있어 크게 인기를 끌었지.

판소리는 본래 열두 마당이었으나, 지금은 〈춘향가〉 〈심청가〉

〈흥부가〉〈적벽가〉〈수궁가〉 이렇게 다섯 마당만 전해지고 있어. 2003년에 유네스코 세계 무형 유산으로 지정되었단다.

  탈춤은 주로 양반의 위선을 꼬집고, 사회의 모순을 풍자하는 내용을 담고 있어 서민들에게 큰 호응을 받았어. 현실에서는 신분 낮은 사람이 양반을 비꼬고 풍자할 수 없지만, 탈춤에서는 얼마든지 가능했거든.

  판소리와 탈춤은 사람이 많이 모이는 지방 장시나 포구 등에서 공연되어 서민들의 생각을 깨어나게 하는 데 큰 역할을 했단다.

● 탈춤에 대해 더 알아볼까?

탈을 쓰고 춤을 춰서 탈춤일까?
그렇지 않아. 탈춤은 탈을 쓰고 하는 우리 고유의 연극이야. '탈놀이' '가면극' '산대놀이' 등 여러 이름 모두 탈춤을 일컫는 말이야. 그럼 왜 탈을 쓰고 연극을 했을까?
탈춤은 지역에 따라 내용과 등장인물에 차이가 있지만, 당시의 사회적 모순을 비판하고 풍자한다는 공통점이 있었어. 특히 양반이나 승려 들의 잘못을 비판하고 풍자하는 내용이 많았지.
그러나 서민들이 맨 얼굴로 양반을 조롱하고 비판하는 건 좀 껄끄러웠겠지. 그래서 양반탈을 만들어 쓰고 양반에게 가졌던 억울하고 불편했던 감정을 마음껏 드러냈던 거야.
탈은 등장인물의 신분과 성격이 잘 드러나도록 과장되고 익살스럽게 만들었어. 예를 들어 양반탈은 여유는 있지만 허풍스러운 모습으로 만들어 당시 양반들의 위선을 드러냈지. 또 양반을 놀리는 역할을 하는 말뚝이는 경망스러운 모습이야.
지금까지 전해 오는 탈춤으로는 '하회 별신굿 탈놀이' '고성 오광대놀이' '송파 산대놀이' '봉산 탈춤' 등이 있어.

이번에는 그림과 서예에 대해서 알아볼까? 실학의 발달로 우리 문화에 대한 자부심이 높아지면서, 그림과 붓글씨에서도 우리 고유의 멋을 찾아 표현하려는 움직임이 나타났어.

그림에서는 우리나라의 아름다운 경치를 사실적으로 그리는 '진경산수화'가 나타났어. 예전에는 모두 중국의 산수화를 본떠서 그리는 데 열중했거든.

진경산수화를 개척한 화가는 정선이야. 정선은 서울 근교와 강원도의 명승지 등을 찾아다니며 〈인왕제색도〉(국보 216) 〈금강산만폭동도〉 같은 그림을 남겼어.

당시 사람들의 살아가는 모습을 생동감 있게 표현한 풍속화

인왕제색도 (국보 216)
1751년, 조선 후기의 화가 정선이 그린 그림이야. 먹의 짙고 옅음을 이용해서 서울 인왕산의 모습을 표현했단다.

도 유행했어. 대표적인 화가가 김홍도야. 김홍도는 서민들이 자기 일에 열중하는 모습을 소탈하면서도 익살스럽게 표현한 그림을 많이 그렸어. 〈서당〉(보물 527) 〈대장간〉(보물 527) 〈씨름〉(보물 527) 〈무동(춤추는 아이)〉(보물 527) 등이 대표적인 작품이야.

김홍도와 쌍벽을 이루는 화가로는 신윤복이 있어. 신윤복은 양반과 부녀자의 풍류(멋스러운 일이나 놀이 또는 훌륭하고 멋진 경치) 생활과 남녀 사이의 애정 등을 섬세하게 그린 그림을 남겼어.

이 시기에는 민화도 크게 유행했어. 조선 전기에는 도화서를 중심으로 화가와 선비 들이 주로 그림을 그렸는데, 후기에는 이름 없는 화가들이 서민의 소박한 소망이 담긴 그림을 많이 그렸지. 이런 그림을 민화라고 해.

민화의 소재는 해, 달, 나무, 꽃, 채소와 과일, 동물, 물고기 등 다양했어. 민화는 부귀와 장수, 출세 등을 바라는 마음을 담아 생활 공간을 장식하는 데 이용됐지.

서예에서는 김정희가 이름난 여러 서예가들의 글씨체를 연구해서 '추사체'라는 독창적인 글씨체를 만들어 냈어. 추사체는 힘찬 기운과 다양한 조형미를 갖춘 서체로 유명해.

미인도 조선 후기 화가인 신윤복의 작품 중 최고로 꼽는 그림이야. 갸름한 얼굴과 정갈한 자태로 한국의 전통 미인을 표현해 냈어.

3 세도 정치와 농민의 봉기

순조가 열한 살의 어린 나이로 왕위에 오르면서, 몇몇 외척 가문이 권력을 독점하는 '세도 정치'가 시작됐어. 세도 정치는 철종 대까지 무려 60년 이상 조선 사회를 뒤흔들었어. 관직을 임명하거나 과거 제도를 치르는 과정에서 온갖 폐단이 생겨났지. 결국 백성들의 생활은 점점 어려워졌고, 천주교와 동학으로 대표되는 새로운 종교가 등장했어. 그리고 전국 각지에서 농민 봉기가 일어났단다.

세도 정치와 농민의 봉기

조선을 병들게 한 세도 정치 | 새로운 종교의 유행 | 농민의 저항

조선을 병들게 한 세도 정치

 영조와 정조 때 부흥기를 맞았던 조선은 정조가 마흔아홉의 나이로 세상을 떠나자 금방 내리막길을 걷게 되었어. 정조의 뒤를 이어 왕이 된 순조는 열한 살, 스스로 나라를 다스리기에는 너무 어린 나이였지.

 어린 순조가 아무것도 제대로 못 하는 사이에, 왕의 장인인 김조순을 중심으로 한 안동 김씨와 풍양 조씨 등 노론 출신의 외척 가문이 높은 관직을 독점하고 나랏일을 마음대로 주무르기 시작했어. 이런 정치를 '세도 정치'라고 해.

 세도 가문은 한 번 권력을 잡자 좀처럼 내려놓지 않았어. 그래서 세도 정치는 순조, 헌종, 철종 3대에 걸쳐 60여 년 동안 계속됐지. 세도 가문은 비변사를 장악해 권력을 독점했고, 왕은 허수아비나 다름없었어.

왕권을 회복하려는 노력도 더러 있었지만 세도 가문을 누를 만한 힘은 없었어. 세도 가문을 비판하는 세력은 살아남을 수 없었고, 왕의 가까운 친척조차 세도 가문의 눈치를 보며 지내야 했지. 영조와 정조가 힘써 실행에 옮겼던 탕평 정치는 그렇게 무너지고 말았어.

세도 가문을 견제할 만한 세력이 없게 되자, 권력의 독점으로 인한 온갖 폐단이 나타나기 시작했단다. 폐단이 가장 두드러진 곳은 관직의 임명과 과거 제도였어. 뇌물로 관직을 사고파는 매관매직이 공공연히 이루어졌지. 지방관인 관찰사 자리는 오륙만 냥, 수령 자리는 이삼만 냥으로 금액이 정해져 있을 정도였어.

과거도 실력보다는 뇌물 등 부정한 방법으로 합격하는 경우가 많아졌지. 또 과거에 급제해도 좋은 관직에 나가려면 세도 가문에 뇌물을 줘야 했어.

이렇게 뇌물로 관직을 산 관리들은 당연히 본전 이상을 뽑아내려 했지. 그래서 온갖 방법으로 백성들을 수탈했단다.

당시 국가의 중요한 재정 수입은 토지에서 거둬들이는 '전세', 군역 대신 거두는 '군포' 그리고 '환곡'이 있었어. 환곡이란 나라에서 흉년이나 봄에 백성들에게 곡식을 꾸어 주고, 가을에 약

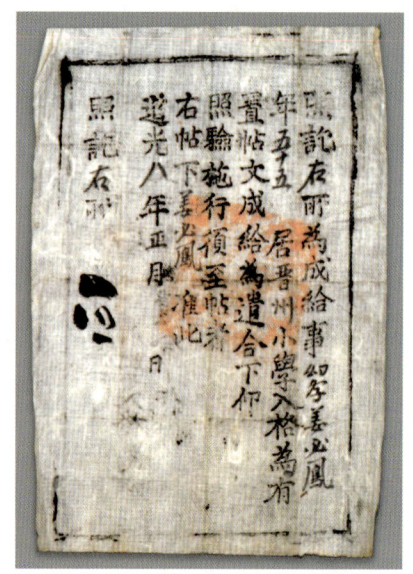

강필봉의 과거 예비 시험 입격 증서
1828년에 발급한 강필봉의 입격 증서야. 입격 증서란 과거에 합격했음을 나타내는 증명서를 말한단다. 이 문서에는 과거의 예비 시험에 합격했다는 내용이 담겨 있어.

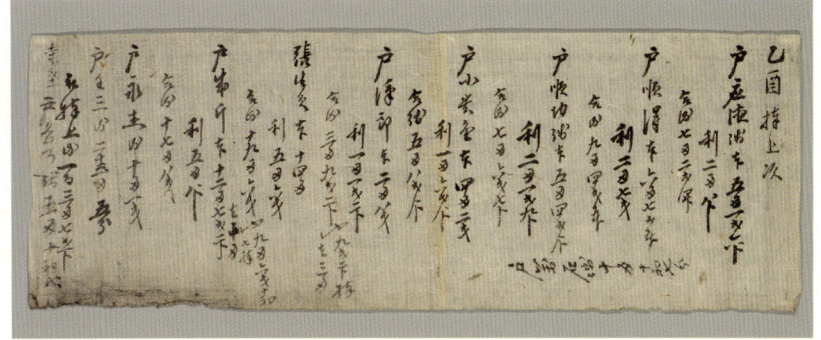

마을에서 납부해야 할 세금을 기록한 문서
마을에서 납부해야 하는 세금 중 환곡에 대해 적어 놓은 문서야. 각 호별로 빌린 돈이나 곡식의 양, 이에 따른 이자 그리고 이 두 가지를 합친 금액이 적혀 있단다.

간의 이자를 붙여 거두던 제도야. 전세·군포·환곡, 이 세 가지를 합쳐 '삼정'이라고 하지.

전세와 군포는 걷는 항목과 액수가 법으로 정해져 있었지만, 관리들은 새로운 항목을 만들어 정해진 액수의 몇 배를 거뒀어. 가령 군포는 16~60세의 양인 남자만 내게 되어 있었는데, 어린 아이나 죽은 사람에게까지 세금을 거둬 가기도 했지.

환곡도 고리대금업으로 변해 버렸어. 터무니없이 높은 이자를 받는 것은 물론, 쌀겨를 섞어 빌려주고 높은 이자를 붙여 돌려받았지. 심지어 원하지도 않는 사람에게 강제로 곡식을 빌려주고 이자를 붙이기도 했어.

이처럼 전세와 군포 그리고 환곡 제도가 엉망이 된 것을 '삼정의 문란'이라고 해.

새로운 종교의 유행

세도 정치로 나라의 질서가 무너지고 백성들의 생활이 어려워지면서 백성 사이에서는 새로운 세상이 오기를 기대하는 예언 사상과 개인의 구원과 복을 비는 민간 신앙이 널리 퍼지기 시작했어.

예언 사상은 대개 왕조가 바뀐다거나 세상의 종말, 큰 변란이 일어날 것이라는 내용이 많았지. 특히 《정감록》과 '미륵 신앙'이 크게 유행했어. 《정감록》은 '이씨 왕조가 망하고 정씨 왕조가 들어선다.'는 내용이었어. 미륵 신앙은 '미륵불이 나타나 세상을 구원한다.'는 내용이었지.

또 무당의 굿이나 살풀이 등으로 재앙을 멀리하고 복을 비는 민간 신앙도 번성했어.

이와 같은 예언 사상과 민간 신앙은 의지할 곳 없는 백성들에게 정신적인 안식처가 되고, 새로운 세상이 오기를 바라는 백성들의 기대를 크게 부풀게 했단다.

김대건
우리나라 최초로 천주교 신부가 된 김대건의 초상이야. 1836년에 프랑스 신부에게 세례를 받았지. 김대건은 중국에서 신학을 배우고 돌아왔지만 1846년에 순교했어.

이처럼 민심이 불안한 가운데 서민 사이에서 새로운 종교가 퍼져 나가기 시작했어. 바로 천주교와 동학이야. 두 종교 모두 지금까지 양반이 중심이었던 사회 질서를 부정하고 있어 더욱 서민들을 사로잡았지.

천주교는 '서학'이라고도 했어. 서양의 학문이라는 뜻이지. 왜냐하면 처음에는 종교가 아닌 서양의 학문으로 우리나라에 알려져 학자들이 연구를 했기 때문이야. 그러다가 18세기 후반에 남인 계열의 일부 학자가 신앙으로 받아들이면서 차츰 일반 백성과 부녀자 사이에 널리 퍼지게 되었단다. 또 19세기에는 프랑스 신부들도 들어와 활동했지.

천주교의 평등사상은 많은 사람에게 희망을 주었어. '모든 사람은 평등하게 태어났고 평등하게 살아갈 권리가 있다.'는 천주교 사상은 지배 계층에게 억눌려 살아가고 있던 백성들에게 가슴 뛰는 이야기가 아닐 수 없었지.

그러나 천주교의 평등사상은 지배 계층을 크게 자극했어. 더

천주교도의 집회 모습
천주교는 평등사상을 주장하며 조선의 신분 제도에 반대했어. 이 때문에 많은 탄압을 받게 되었고, 결국 신유박해가 일어나게 되었지.

욱이 천주교가 조상에게 제사를 지내는 유교 전통마저 거부하자, 조정에서는 천주교를 금했지. 그래서 순조가 왕이 된 이듬해인 1801년에는 천주교를 크게 탄압하는 일이 벌어져 많은 신자가 처형되었어. 이를 '신유박해'라고 해.

동학은 경주에 살던 몰락한 양반 최제우가 전통적인 민간 신앙·유교·불교·도교의 사상을 합쳐서 만든 종교야(1860년). 최제우는 서양 종교(천주교)가 널리 퍼지면서 조선 사회의 전통적인 질서를 위협한다고 생각했어. 그래서 서학에 반대한다는 뜻으로 '동학'이라는 이름의 종교를 만든 거야.

동학은 '사람은 곧 하늘'이라는 '인내천' 사상을 내세우며, 마음속의 한울님을 섬기라고 했어. 하늘의 뜻을 받드는 것이나 양반 중심의 신분 질서에 반대하고 모든 사람이 평등하다는 주장은 천주교와 같지만, 서학은 우리 고유의 풍습을 어지럽히기 때문에 동학을 믿어야 한다는 것이 이들의 주장이었단다.

동학은 또 '보국안민'을 주장했어. 서양 세력에 맞서 나라를 지키고, 개혁을 통해 백성들을 편안하게 하자는 주장이 보국안민이야.

동학의 교리가 개혁을 꿈꾸는 농민들의 뜻과 맞물리면서, 동학은 농민을 중심으로 빠르게 번져 나갔어. 그러나 동학도 그

최제우

동학을 만든 최제우의 초상이야. 동학은 관리들의 수탈에서 백성들을 도와주기 위해 세운 종교였어. 그러나 최제우는 나라를 어지럽힌다는 이유로 처형되었단다.

3. 세도 정치와 농민의 봉기 | 57

어윤중이 동학도를 조사하고 조정에 올린 보고서

조정은 어윤중에게 동학도를 조사하라고 명령을 내렸어. 어윤중은 동학도를 만나서 그들이 어떤 생각을 하는지 듣고 설득해서 해산시켰어. 이 보고서에는 그 과정이 적혀 있단다.

세력이 커지면서 천주교와 마찬가지로 나라에서 박해했어. 순진한 백성들을 유혹해 나라를 혼란스럽게 한다는 죄목으로 최제우와 그의 제자들이 죽게 되었지.

농민의 저항

삼정의 문란으로 농민들의 생활은 갈수록 어려워졌어. 거기에다 여러 해 동안 흉년이 계속되고 전염병까지 크게 번져 농민들은 점점 살길이 막막해졌지.

농민들은 자신들의 불만을 밖으로 드러내기 시작했어. 처음에는 벽보를 붙여 탐관오리의 부정을 알리는 등 소극적인 방법을 썼어. 그러나 상황이 조금도 나아지지 않자, 보다 적극적인 방법을 쓰기 시작했어. 옳지 않게 걷는 세금은 납부를 거부하고, 가혹한 착취를 하는 지주에게는 소작료를 내지 않았지.

이런 저항은 마침내 농민 봉기로 이어졌어. 큰 규모의 분노가 처음으로 폭발한 곳은 평안도 지방이야.

1811년 12월 18일, 몰락한 양반인 홍경래는 농민과 중소 상인, 광산 노동자 등 1천여 명의 동지를 모아 봉기했어. 봉기군은 세도 정치 타도와 평안도 지방에 대한 차별 철폐를 외쳤지. 이들은 열흘도 되지 않아 청천강 이북 지역의 대부분을 장악했어. 그리고 봉기를 지지하는 사람들이 계속 모여들면서 그 규모는 삽시간에 불어났지.

조정에서는 크게 당황하여 정부군을 파견해 봉기를 진압하려 했어. 그러나 오랫동안 쌓였던 분노로 뭉친 봉기군의 기세를 쉽게 꺾을 수 없었지.

조정은 더욱 큰 규모의 정부군을 파견해 봉기 진압에 나섰어. 군사의 숫자에서나 무기의 종류로 보나 봉기군이 당해 내기 힘든 규모였지. 봉기군은 정부군에 점점 밀려나 정주성으로 피해 들어가게 되었어.

정주성을 에워싼 정부군과 봉기군 사이에는 지루한 공방이

평안도 지역을 그린 군사 지도
조선 시대의 평안도는 지금의 평안남도와 평안북도 모두를 뜻했어. 바로 이 지역에서 농민 봉기가 시작됐어.

계속되었어. 좀처럼 정주성을 함락시킬 수 없자, 정부군은 비상 수단을 썼어. 정주성 아래 땅굴을 파고 화약 1천8백 근을 설치해 폭발시킨 거야.

정주성 성벽은 순식간에 무너지고, 정부군이 성안으로 밀려 들어갔어. 봉기한 지 네 달 만에 봉기군은 그렇게 진압되고 말았어.

홍경래의 난은 평안도 지방에 한정되어 일어났고, 잘못된 세상을 바로잡기 위한 구체적인 개혁 방안을 내놓지 못했다는 아쉬움이 있어. 그러나 당시 세도 가문에게 큰 타격을 주었고, 그 이후 일어난 여러 농민 봉기에도 큰 영향을 주었어.

대규모 농민 봉기가 일어났음에도 권력을 독점하고 있던 세도 가문 세력은 그 원인을 찾아내서 문제점을 해결하려는 노력을 조금도 하지 않았어. 그래서 이후에도 크고 작은 봉기가 그치지 않았단다.

농민들의 분노가 다시 한 번 크게 폭발한 것은 홍경래의 난이 끝난 지 50여 년이 지난 1862년의 임술민란이야. 그해 경상도 단성에서 일어난 농민 봉기를 시작으로 북으로는 함흥, 남으로는 제주에 이르기까지 전국에서 70여 차례의 봉기가 있었어. 이를 모두 합쳐 임술민란이라고 해.

농민 봉기는 진주 민란을 거치면서 전국으로 번져 나갔어. 진주 민란은 경상 우병사(조선 시대 무관 벼슬) 백낙신의 착취를 견디다 못한 진주 농민들이 몰락 양반 유계춘을 중심으로 일으켰던 봉기야. 농민들은 머리에 흰 수건을 두르고 진주성으로 쳐들어가 백낙신을 잡아 죄를 묻고, 그 밑에서 농민들을 괴롭히던 아전들을 처형했어. 또 농민을 심하게 괴롭혔던 양반의 집도 불태웠지.

진주 농민들의 봉기 소식을 들은 주변 지역의 농민들도 들고일어났어. 농민 봉기는 삼남 지방(경상도·전라도·충청도)을 중심으로 번져 나가며, 전국적인 임술민란으로 확대되었지. 봉기한 농민들은 가혹한 착취와 횡포를 일삼던 관리와 아전 들을 처단하고, 창고를 열어 곡식을 나눠 갖기도 했어.

임술민란은 전체를 이끌어 가는 지도자 없이 고을 단위로 일어났다는 한계가 있지만, 농민들의 사회적 불만을 적극적으로 드러낸 저항 운동이었다는 데 의의가 있어. 또 이와 같은 저항을 통해 세도 정치도 차츰 무너지기 시작했지.

조선 후기의 대표적인 농민 봉기
- 홍경래 봉기군의 점령지
- 철종 때 농민 봉기가 일어난 곳

홍경래의 난(1811년)
개령 민란(1862년)
진주 민란(1862년)
제주 민란(1863년)

4

흥선 대원군의 개혁 정치와 외세의 침략

고종은 불과 열두 살의 어린 나이로 왕위에 올랐어. 그래서 아버지인 흥선 대원군이 나라를 대신 다스렸지. 흥선 대원군은 세도 정치를 잠재우고 왕권을 강화하기 위해 다양한 개혁 정치를 시도했어. 그 무렵 서양 세력이 이양선을 이끌고 출몰하여 통상을 요구했지만, 흥선 대원군은 척화비를 세우고 나라의 문을 꼭꼭 닫았어. 그러나 1876년, 일본과 '강화도 조약'을 체결하면서 조선도 결국 나라의 문을 열게 되었단다.

4 흥선 대원군의 개혁 정치와 외세의 침략

흥선 대원군, 세도 정치를 잠재우다 | 서양 세력의 침입 | 나라의 빗장이 열리다 | 개화 정책의 추진과 임오군란

흥선 대원군, 세도 정치를 잠재우다

1863년 철종이 죽고, 고종이 열두 살의 어린 나이로 왕위에 올랐어. 그러자 고종의 아버지인 흥선 대원군이 권력을 잡고 왕을 대신해서 나랏일을 하게 되었지.

흥선 대원군이 가장 먼저 한 일은 왕권 강화였어. 그리고 세도 정치로 60여 년 동안 나라를 어지럽혔던 안동 김씨 세력을 몰아냈지. 또 당파와 신분을 따지지 않고 인재를 고루 등용했어.

정치 개혁도 단행했어. 비변사를 폐지해 의정부의

이하응 초상 일괄 (보물 1499-2) 고종의 아버지인 흥선 대원군 이하응이 예복을 차려입은 모습이야. 머리에는 금관을 쓰고, 손에는 상아홀을 들고 있지. 이것은 신하들이 입을 수 있는 예복 가운데 가장 좋은 옷으로, 당시 흥선 대원군의 위세를 보여 주고 있어.

기능을 강화하고, 《대전회통》《육전조례》 같은 법전을 편찬해서 중앙 집권적인 통치 체제를 정비했단다.

또 세도 정치와 삼정의 문란으로 파탄에 이른 백성들의 생활을 안정시키고, 국가의 재정을 늘리는 일에도 힘을 쏟았어. 토지 대장에 빠져 있던 양반들의 토지를 찾아내 세금을 물리고, 호포제도 실시했어. 호포제는 일반 백성들만 내던 군포를 양반들도 내게 한 제도야.

서원 개혁도 단행했어. 서원은 많은 토지와 노비를 소유하고 세금을 면제받는 혜택을 누리며 농민들을 착취했거든. 또 교육 기관이라는 본래의 목적에서 벗어나 붕당의 근거지가 돼 있었지. 흥선 대원군은 이와 같은 문제점을 이유로 전국의 서원 중 47개만 남기고 모두 철폐했어.

호포제와 서원 철폐는 양반층의 큰 원성을 샀지만 흥선 대원군은 아랑곳하지 않고 밀어붙였지.

영주 소수 서원
우리나라 최초의 서원으로 1543년에 세웠어. 처음에는 '백운동 서원'이었는데, 1550년에 사액 서원이 되면서 이름이 바뀌었지. 소수 서원은 흥선 대원군이 서원 철폐령을 실시했을 때 살아남은 47개 서원 가운데 하나였단다.

경복궁 경회루 (국보 224)
경회루는 경복궁에 있는 커다란 누각으로, 연못 안에 있어. 성대한 잔치를 열거나 외국 사신을 맞이할 때 주로 사용했지. 경회루는 임진왜란 때 불타 없어졌는데, 1867년에 흥선 대원군이 복원하였단다.

상평통보당백전
1866년, 경복궁을 새로 짓고자 발행하였던 당백전이야. 당백전의 값어치는 당시 널리 사용했던 상평통보의 백 배였지. 하지만 실제 가치는 대여섯 배 정도였어. 결국 수많은 문제가 생겨났고, 당백전은 생긴 지 1년 후인 1867년에 폐지됐어.

또 고리대금업으로 변해 버린 환곡 제도를 바로잡기 위해 '사창제'를 실시했어. 사창제란 마을에서 가장 덕망 있는 인물을 뽑아 그 마을의 환곡을 관리하게 한 제도야. 지방관이 환곡 제도를 악용하여 농민들을 착취하는 것을 막기 위해서였지.

한편 흥선 대원군은 임진왜란 때 불탄 경복궁을 다시 지어 왕실의 권위를 높이려 했어. 이를 위해 백성들을 공사에 강제 동원하고, 비용 마련을 위해 화폐(당백전)를 발행했지. 그러나 화폐를 너무 많이 발행하는 바람에 물가가 크게 올라 고통받는 백성들이 많아졌고, 큰 원성을 사게 됐어. 또 양반들의 불만도 컸지. 공사비 마련을 위해 강제로 기부금을 거뒀기 때문이야.

백성과 양반 양쪽의 불만이 모두 높아지면서 흥선 대원군의 정치적 기반은 차츰 흔들리기 시작했단다.

서양 세력의 침입

1866년, 조선 정부는 프랑스 선교사 아홉 명과 조선인 천주교 신자 8천여 명을 처형했어. 왜냐하면 서양의 이양선(조선의 배와 생김새가 다른 서양의 철선)이 우리나라 해역에 자주 나타나는 데다, 천주교가 널리 퍼지면서 외세의 침략에 대한 위기감이 높아졌거든. 그래서 흥선 대원군은 천주교 신자들을 크게 탄압했던 거야. 이 사건을 '병인박해'라고 해.

이 사실을 안 프랑스는 함대 일곱 척에 1천여 명의 군사를 태우고 강화도를 침입했어. 강화도는 한양으로 가는 길목이어서 그 무렵 외세의 침략을 자주 받았던 곳이지.

프랑스 함대는 병인박해에 대한 사과와 손해 배상을 요구했어. 또 조선과 프랑스의 통상(나라끼리 서로 교역하는 것)도 요구했지. 병인박해에 대한 사과와 손해 배상 요구는 겉으로 내세운 구실일 뿐, 프랑스가 진짜 원했던 것은 조선과의 통상이었어.

나라의 빗장을 꼭꼭 걸어 잠그고 외국의 통상 요구를 거부하는 정책을 폈던 흥선 대원군이 그 요구를 받아들일 리 없었지.

조선이 요구를 받아들이지 않자, 프랑스 함대는 강화도를 점령하고 약탈을 일삼았어. 왕실과 관련된 책이 약탈당했고, 책을 보관했던 외규장각도 이때 불에 타서 없어졌어.

강화도를 점령한 프랑스 함대는 그 기세를 몰아 한양까지 진격하려고 했어. 조정에서는 양헌수와 한성근이 이끄는 부대를 정족산성과 문수산성에 출동시켰어. 조선군은 곳곳에서 프랑스

군을 격파했고, 프랑스 함대는 강화도를 점령한 지 한 달 만에 약탈한 물품을 싣고 철수했어. 이 사건을 '병인양요'라고 해.

같은 해, 병인양요가 일어나기에 앞서 대동강에서 또 다른 사건이 있었어. 미국 상선 제너럴셔먼호가 대동강을 거슬러 올라와 통상을 요구하며 행패를 부린 것이었지. 그러자 평양의 관리와 민간인 들이 제너럴셔먼호를 불태워 버렸어. 이 사건을 '제너럴셔먼호 사건'이라고 해.

또 2년 뒤인 1868년에는 독일인 오페르트가 배를 끌고 나타나 통상을 요구했어. 그러나 조선은 거절했지. 그러자 오페르트는 충청남도 예산에 있는 흥선 대원군의 아버지 남연군의 묘를 도굴하려다 실패하고는 달아나 버렸어. 도굴한 시신을 볼모로 통상을 요구하려 했던 거였지.

이 일로 흥선 대원군은 크게 분노했고, 통상과 수교(나라와 나라 사이에 맺은 외교 관계)를 거부하는 정책은 더욱 강화됐지.

제너럴셔먼호 사건이 일어나고 5년 후인 1871년, 이번에는 미국 함대가 강화도에 나타나 제너럴셔먼호에 대한 피해 보상과 통상을 요구했어. 흥선 대원군은 이번에도 미국의 요구를 거부하며, 군대를 보내 미국 함대를 물리치려 했지.

어재연이 이끄는 조선군은 강화도의 외성인 광성보에서 군함 다섯 척과 미군 1천2백여 명에 맞서 격렬한 전투를 벌였어. 그러나 우수한 무기로 무장한 미군을 당해 내지 못하고 패배했지.

그러나 강화도를 강제 점령했던 미군은 한 달 만에 스스로 철수했어. 조선의 강력한 저항을 확인하고는, 통상의 목적을 달성하기 어렵다고 판단했던 거야. 이 사건을 '신미양요'라고 해.

신미양요 후 흥선 대원군은 조선의 방방곡곡에 척화비를 세

● 병인양요와 외규장각 도서

외규장각은 왕실 관련 서적을 보관하기 위해 정조 때인 1782년에 설치했어. 1776년, 창덕궁에 설립했던 규장각의 분관과도 같은 곳이지. 병인양요로 불타고 약탈당하기 전까지 이곳에는 1천7종의 책 5천67권이 보관되어 있었다고 해.

병인양요 때 프랑스군이 약탈해 간 도서는 의궤와 고문서였어. 특히 의궤는 조선 시대에 국가나 왕실의 중요 행사를 글과 그림으로 설명해 놓은 책으로, 기록 문화의 꽃이라고 평가받을 만큼 가치가 높아.

이 도서들은 프랑스 국립 도서관에서 사서로 일하던 박병선 박사가 1975년에 베르사유 별관의 파손된 창고에서 처음 발견해 세상에 알려졌단다.

이후 우리나라 정부와 프랑스 정부 사이에는 외규장각 도서 반환 문제에 대한 교섭이 여러 차례 벌어졌어. 그 결과 2010년 프랑스 정부가 우리 정부에 의궤를 빌려주되, 5년마다 계약 기간을 연장하는 방식으로 반환한다는 합의가 이루어졌어. 그래서 지금 외규장각 의궤 297권이 우리나라로 돌아와 국립중앙박물관에 보관되어 있단다.

위 서양의 통상 수교 요구를 결코 받아들이지 않겠다는 뜻을 분명히 했어.

아래는 척화비에 새겨 놓은 글귀야.

> 오랑캐가 침입했을 때 싸우지 않는 것은 화의하는 것이요, 화의를 주장하는 것은 곧 나라를 파는 것이다.

외국에 나라의 문을 열지 않겠다는 흥선 대원군의 '통상 수교 거부 정책'은 서양의 침략에 맞서려는 자주적인 성격도 있지만, 서양의 앞선 문물을 제때에 받아들이지 못해 조선이 근대화에 뒤처진 원인이 되기도 했어.

대원군척화비
병인양요와 신미양요를 겪은 흥선 대원군은 조선 8도에 '척화비'를 세웠어. 1871년의 일이었지. 그러나 결국 조선은 서양 세력에게 나라의 문을 열게 된단다. 그리고 대부분의 척화비도 무너뜨리고 말았어.

나라의 빗장이 열리다

1873년, 흥선 대원군은 돌연 권력의 자리에서 물러나게 됐어.

○ 근대화

정치·경제·사회·문화·가치관 등 모든 분야의 바탕에서부터 변화가 일어나, 후진적인 상태에서 보다 나은 생활 조건을 만들어 나가는 과정을 말해. 여기서 전통적인 것을 후진적이라고, 근대적인 것을 선진적이라고 본다면 전통적인 사회가 근대적인 사회로 변화해 가는 과정을 근대화라 할 수도 있단다.

열두 살 어린 나이에 왕이 된 고종을 대신해서 권력을 휘둘러 온 지 10년 만이었지. 어른이 된 고종이 직접 나라를 다스리겠다고 선포했기 때문이야.

물론 겉으로 드러난 것처럼 일이 그렇게 단순하고 산뜻하지는 않았어. 흥선 대원군은 선뜻 권력을 내놓으려 하지 않았고, 고종과 왕비 민씨는 권력을 찾아오기 위해 술수를 썼어. 흥선 대원군에 반대하는 세력인 최익현을 부추겨, 흥선 대원군의 실정을 비판하며 퇴진을 주장하는 상소를 올리게 했던 거야. 이 상소는 대원군을 권력의 자리에서 끌어내리는 데 결정적인 구실을 했지.

나라의 빗장을 걸어 잠그고 다른 나라와 통상과 수교를 거부하는 정책을 폈던 흥선 대원군이 물러나자, 조선의 정책에도 변화가 생겼어. 나라의 문을 열어 외국의 군사적 침략을 피하고, 앞선 문물을 받아들여 나라를 부강하게 하자는 주장이 힘을 얻기 시작한 거야.

이런 상황에서 일본이 군함 운요호를 앞세워 강화도에 침입하는 사건이 일어났어(1875년). 조선에 개항을 요구하며 무력시위를 한 거였지. 조선에서는 일본의 요구를 서양의 오랑캐들과 같은 야만적인 침략 행위라고 비난하는 여론이 들끓었어.

조선군이 강화도에 상륙하려는 운요호로 대포를 쏘며 공격하자, 일본군도 함포로 조선군에게 보복 공격을 했어. 그리고 인천 앞

최익현 초상 (보물 1510)
최익현은 조선 후기의 유학자이자 독립운동가야. 전국 유생의 상소를 모아 흥선 대원군을 정치계에서 몰아냈고, 단발령을 시작하자 반대 세력의 중심에 섰지. 또 강제로 을사늑약을 맺자 의병을 일으켜 일제와 맞서 싸웠어.

4. 흥선 대원군의 개혁 정치와 외세의 침략

운요호 사건을 그린 그림
운요호 사건은 일본이 불법으로 조선에 쳐들어온 일이었지. 그러나 이 사건 때문에 우리나라는 첫 근대 불평등 조약인 '강화도 조약'을 맺게 됐어. 이를 시작으로 조선은 수많은 불평등 조약을 맺게 되었단다.

바다에 있는 영종진(지금의 영종도)에 상륙해서 방화와 약탈, 살인을 저지르고 물러났지.

조정에서는 일본과의 전쟁을 피하기 위해 일본과 조약을 맺자는 쪽으로 의견이 모였어. 그리고 1876년 2월, 강화도에서 '조일 수호 조규'를 체결했어. 이 조약을 흔히 '강화도 조약'이라고 해.

강화도 조약은 조선이 외국과 가장 먼저 맺은 근대적 조약이야. 이 조약의 체결로 조선은 부산(1876년), 원산(1880년), 인천(1883년) 세 항구를 차례로 개항하고 외국과 통상하게 되었어. 그러나 강화도 조약은 '일본이 조선 해안을 자유롭게 측량할 수 있도록 허용하고, 일본인이 조선에서 저지른 범죄는 일본인이 재판한다.'는 등 일본에게만 내용이 유리하게 되어 있는 불평등 조약이었어.

뿐만 아니라 이후에도 '개항한 항구 안에서는 일본 화폐를 사용할 수 있고, 일본 상품은 관세를 물리지 않는다.'는 등 일본에게 유리한 내용이 추가됐어. 이러한 내용은 그 후에 맺은 조약과 함께 일본이 조선으로 침략하는 발판이 되었지. 그러나 다른 한편으로는 조약의 체결로 조선이 비로소 중국 중심의 세계에서 벗어나 근대적인 국제 질서 안으로 들어가게 되었다는 의미도 있어.

몇 년 뒤 조선은 미국과도 '조미 수호 통상 조약'을 맺었어(1882년). 조미 수호 통상 조약에는 두 나라 중 한 나라가 외국의 침략을 받을 경우 서로 돕는다는 조항과, 관세를 물리는 조항이 들어 있어서 일본과 맺은 조약보다는 유리한 내용이었지.

그러나 미국인이 조선에서 저지른 범죄는 미국 관원(영사)이 재판한다는 내용과 최혜국 대우 조항 등이 들어 있었다는 점에서는 이 역시 불평등 조약이야. '최혜국 대우'란 무역 등을 할 때 조약을 체결한 어떤 나라가 다른 나라에 적용하고 있는 가장 유리한 대우를 상대국에게 똑같이 적용하는 것을 말해.

조약 체결 후 조선은 미국에 보빙사를 파견했어. 이들은 세계

보빙사
보빙사는 1883년에 고종이 미국으로 보낸 첫 사절단을 말해. 이들은 미국에서 대통령만 만난 것이 아니라 여러 근대 문물도 접했지. 그러고는 우편 제도와 전기 등 미국에서 보고 배운 것을 조선에 들여와 실현하려고 노력했어.

박람회, 시범 농장, 방직 공장, 의약 제조 회사, 병원, 전기 회사, 철도 회사, 소방서, 육군 사관 학교 등 많은 곳을 방문해 근대적인 제도와 문물에 대한 견문을 넓혔어.

조선은 이어서 영국, 독일, 러시아, 프랑스 등과도 조약을 맺어 나라의 문을 활짝 열었단다.

개화 정책의 추진과 임오군란

다른 나라에 대해 통상과 수교를 거부하던 정책을 풀고, 앞선 문물을 받아들여 나라를 부강하게 하려는 정책을 '개화 정책'이라고 해.

개항 이후 조선 정부는 일본에 수신사를 보내 앞선 문물을 살펴봤어(1876년). 또 1880년에는 '통리기무아문'을 설치해서 개화 정책을 추진해 나갔어.

이듬해에는 통리기무아문에서 일본으로 조사 시찰단을 보내 정부 기관과 산업, 군사 분야의 근대 문물을 돌아보게 했어.

또 '별기군'이라는 신식 군대도 창설했지. 별기군은 신식 무기로 무장하고 일본인 교관으로부터 근대식 훈련을 받은 신식 군대야.

청나라에도 '영선사'를 파견해서 근대식 무기 제조 기술과 군사 훈련법을 배워 오게 했지.

별기군
1881년에 만든 별기군의 모습이야. 조선은 별기군을 통해 조선 군대를 근대적으로 바꾸려고 했어. 그러나 구식 군인과 너무 심하게 차별한 나머지, 이듬해인 1882년에 임오군란이 발발하게 되었어.

그러나 개화에 반대하는 세력도 없지 않았어. 강화도 조약을 체결할 무렵에는 양반 유생이 중심이 되어 개항 반대 운동을 펼쳤지. 그리고 1880년대에 접어들어 개화 정책을 추진하자 영남 지역의 유생이 집단 상소를 올리며 반대했어.

이처럼 외국 세력과 문물의 침투를 막고 전통적인 유교 질서를 지키려 했던 흐름을 '위정척사' 운동이라고 해. '위정'은 바른 것, 즉 성리학적 (유교) 질서를 지키자는 뜻이야. '척사'란 사악한 것, 즉 천주교 등 서양의 문화를 배척하자는 뜻이지.

위정척사 운동은 외세의 침략 의도를 제대로 알아차리고 있었지만, 빠르게 변하는 국제 정세에 어두웠다는 점에서 한계가 있었어. 이 운동은 서양 열강과 일본의 침략이 본격화되는 1890년대에 항일 의병 운동으로 계승되었지.

그럼 그 무렵 백성들의 생활은 어떠했을까?

흥선 대원군이 물러난 후 권력을 잡은 것은 왕비 민씨의 외척이었어. 그들은 권력을 독점하고 마음대로 휘두르며 세도 정치 못지않은 부정과 비리를 저질렀어. 민씨 일가의 집에는 뇌물을 싸 들고 관직을 청탁하러 오는 무리가 들끓었다고 해.

지배층이 부패하다 보니 탐관오리의 부정부패도 극성을 떨었어. 백성들은 탐관오리의 수탈에 시달렸고, 많은 쌀을 일본으

명성 황후
명성 황후는 고종의 왕비였어. 하지만 시아버지인 흥선 대원군과는 정치적인 적으로, 서로 권력을 뺏고 빼앗는 관계였지. 사진의 주인공은 명성 황후로 추정되는 여인이란다.

4. 흥선 대원군의 개혁 정치와 외세의 침략 | 75

위안스카이
위안스카이는 중국의 정치가이지만 우리나라와도 관계가 깊어. 청나라 군대를 이끌고 조선 땅에서 머무르면서 임오군란과 갑신정변을 진압했어.

로 수출하면서 오히려 우리나라에서는 쌀이 부족해져 쌀값까지 치솟았어. 백성들의 생활은 이래저래 더욱 어려워졌단다.

어려운 것은 백성들의 생활뿐만이 아니었어. 나라 형편이 그 모양이니, 나라의 재정인들 튼튼했겠니? 이런 여러 문제가 폭발해서 일어난 것이 임오군란이었어.

그 당시 구식 군대는 신식 군대인 별기군과 비교해서 많은 차별 대우를 받았어. 거기에다 봉급까지 13개월이나 밀렸단다. 나라 곳간이 비어 구식 군대에게 제대로 봉급을 안 준 거야. 더군다나 13개월 만에 봉급으로 받은 쌀에는 겨와 모래가 섞여 있었어. 담당 관리가 쌀을 빼돌리고 부족한 것을 겨와 모래로 채워 넣은 거였지.

참아 왔던 구식 군인의 분노가 폭발했어. 그들은 폭동을 일으켜 병조 판서 민겸호와 부패한 관리들을 살해하고, 일본 공사관을 습격해서 군대 교관과 일본인도 처형했어. 또 개항 이후 경제적으로 어려움을 겪어 왔던 도시의 하층민도 폭동에 합세했단다.

1882년 6월 9일 일어난 이 사건을 '임오군란'이라고 해.

폭동이 일어나자 왕비 민씨는 변장을 하고 달아났어. 그리고 구식 군인의 지지를 받은 흥선 대원군이 다시 정권을 잡았지. 10년 만에 권력의 자리로 되돌아온 거였어.

그러나 흥선 대원군의 권력은 오래가지 못했어. 고종이 달아난 왕비 민씨와 연락해 청나라에 도움을 청했기 때문이야. 청나라는 군대를 출동시켜 군란을 진압하고, 흥선 대원군을 자기 나라로 납치해 갔어.

그 후 청나라는 조선에 계속 군대를 주둔시키며 내정(국내 정치)에 간섭하고, 청나라 상인에게만 조선의 내륙 진출을 허용하는 불평등 조약을 맺어 큰 이득을 챙겼어. 또 외국과의 관계는 청나라와 먼저 상의해 허락을 받지 않으면 조선은 어떤 정책도 실행할 수 없게 됐지.

일본도 가만히 있지 않았어. 일본 공사관과 일본인을 보호한다는 구실로 서울에 군대를 주둔시켰어(1882년). 그러고는 무력을 앞세워 '제물포 조약'을 맺고 임오군란의 피해에 대한 배상금을 받아냈지.

외국군을 끌어들여 임오군란은 진압했지만, 조선은 독립 국가라고 할 수 없을 만큼 부끄러운 모양새가 된 거였단다.

청나라로 끌려간 흥선 대원군 흥선 대원군은 임오군란을 정리하면서 다시 권력을 잡으려고 했어. 그런데 오히려 청나라 군대가 조선으로 들어와 흥선 대원군을 잡아갔지. 그리고 3년 후인 1885년에야 겨우 조선으로 돌아왔단다.

5

조선, 격동의 소용돌이 속으로!

개항 이후, 조선에는 서양의 제도와 문물을 받아들이려는 개화파 세력이 성장했어. 개화파는 온건 세력과 급진 세력으로 나뉘었고, 급진 개화 세력은 권력을 잡기 위해 '갑신정변'을 일으켰어. 그 사이 관리들의 부정부패와 외세의 침략으로 어렵게 살아가던 농민들은 '동학 농민 운동'을 일으켰지. 일본은 명성 황후를 살해하는 만행을 저질렀고. 혼란스러웠던 당시의 조선 속으로 함께 들어가 보자꾸나.

5 조선, 격동의 소용돌이 속으로!

개화 세력의 성장과 갑신정변 | 동학 농민 운동과 청일 전쟁 | 갑오개혁과 을미사변

개화 세력의 성장과 갑신정변

개항 이후, 부국강병을 이룩하려면 서둘러 서양의 근대식 제도와 문물을 받아들여야 한다고 주장해 왔던 개화파가 일정한 세력을 이루며 성장했어. 이들은 임오군란 후 온건 개화파와 급진 개화파로 나뉘었지.

온건 개화파로는 김홍집, 김윤식, 어윤중 등을 꼽을 수 있어. 이들은 전통적인 유교 질서를 유지하면서, 서양의 과학과 기술만을 받아들여 점진적으로 개혁하자고 주장했지. 청나라와 가까운 세력이라고 할 수 있어.

반면 김옥균, 박영효, 홍영식 등은 급진 개화파로 일본에 가까운 세력이었지. 이들은 청나라의 내정 간섭에서 벗어나려면 일본처럼 서양의 과학과 기술

김옥균
개화당의 지도자이자 갑신정변을 주도한 인물이야. 자주 독립 국가를 꿈꾸며 갑신정변을 일으켰지만 결국 실패하고, 중국 상하이에서 자객에게 살해되었어.

뿐 아니라 사상과 제도까지 받아들여야 한다고 주장했어.

그 무렵 조선은 박문국(1883년)과 우정총국(1884년) 등을 설치해 근대적인 개혁을 추진했지만, 청나라의 내정 간섭과 재정 부족으로 제대로 된 개혁을 이루지 못했어.

박문국은 신문·잡지 등의 발행과 인쇄를 맡았던 출판 기관이야. 우리나라 최초의 신문인 《한성순보》를 발간한 곳이지. 우정총국은 우편 업무를 담당했던 기관이었고.

1884년 10월 17일, 창덕궁 옆에 자리 잡은 우정총국에서 개국 축하 연회를 열고 있을 때였어. 지위 높은 관리와 조선에 와 있던 여러 나라의 외교관이 많이 참석했지.

연회가 무르익어 가던 밤 10시쯤, 인근 민가에서 갑자기 불길이 치솟았어. 연회에 참석한 사람들이 영문을 몰라 어리둥절해 있는 사이에 군대가 들이닥쳤어. 그리고 그 자리에 있던 왕비 민씨의 외척과 수구파를 처단하기 시작했어. 김옥균을 중심으로 박영효, 서광범, 서재필 등의 개화파가 정변을 일으킨 거야. 이를 '갑신정변'이라고 해.

우정총국 연회장에서 처단을 끝낸 개화파는 고종이 있는 창덕궁으로 달려갔어. 그러고는 청나라 군대가 난을 일으켰다고 거짓말을 하며, 일본 군대에게 호위를 요청하라고 고종에게 말했지.

고종은 김옥균 등의 말대로 일본 공사에게 호위를 부탁하는 편지를 보내고, 왕비 일행과 함께 경우궁으로 몸을 피했어. 곧 일본 공사 다케조에가 일본군 1백50명을 끌고 와 경우궁을 에워싸고 호위하기 시작했지.

이 모든 일은 개화파가 일본과 미리 짜 놓은 각본에 따라 이루어진 거였어.

혼란의 밤이 지나가고 날이 밝자, 개화파는 새로운 정부 구성을 발표했어. 그리고 고종에게 미리 준비했던 14개 항목의 개혁안을 내밀었지. 개혁안은 청나라에 조공을 바치며 섬기던 관계를 끝낼 것, 문벌을 폐지해 모든 백성의 평등한 권리를 보장할 것, 능력에 따라 관리를 임명할 것, 조세법을 고쳐 관리의 부정을 막을 것 등 조선을 근대 국가로 만들기 위한 내용이었어.

우정총국
고종 때인 1884년에 설치한 우체국으로, 근대식 우편 제도를 도입한 곳이지. 우정총국이 새로 생긴 것을 축하하는 이 자리에서 갑신정변이 일어났어.

사흘째 되는 날, 고종은 창덕궁으로 돌아와 개화파의 개혁안을 그대로 실행하겠다고 명령을 내렸어. 개화파는 이제 완전히 자기들의 세상이 됐으니, 자기들이 뜻하는 대로 나라를 이끌어 갈 수 있게 됐다고 생각했지.

그러나 자신감에 넘쳤던 개화파의 생각도 잠깐뿐이었단다. 요란한 폭음과 함께 청나라 군대가 궁궐로 들이닥쳤거든. 우정총국 개국 축하 연회에서 친척과 수구파가 살해당한 것을 안 왕비 민씨가 청나라 군대를 불러들인 거야.

고종을 호위하던 일본군은 청나라 군대와 맞붙으면 상황이 불리할 듯싶기에 그대로 철수해 버렸어. 일본군만 믿고 모든 일을 벌였던 개화파는 더 이상 어떻게 할 수 없는 상황이 된 거지.

개화파의 정변은 그렇게 삼일천하로 끝나고, 정변을 이끌었던 김옥균 등 아홉 명은 일본으로 도망쳤어. 그리고 미처 도망치지 못한 사람들은 본인은 물론 가족과 친척까지 처형되거나 노비가 되었지.

방법이 너무 급진적이기는 했지만, 갑신정변은 조선을 근대 국가로 만들려는 최초의 정치 개혁 운동이었어. 그러나 일본의 군사력에 지나치게 의존했고, 백성들의 지지를 받지 못했다는 한계가 있었어.

당시 상인이나 농민 들은 개화파에 많은 반감을 가지고 있었어. 상인들은 일본 상인 때문에 제대로 장사를 할 수 없었고, 농

갑신정변을 일으키기 전 개화당의 모습
청나라의 간섭에서 벗어나 독립 국가를 세우고자 했던 개화당의 모습이야. 갑신정변을 일으켰지만 청나라 군대의 방해 때문에 그들의 꿈은 삼일천하로 끝나고 말았지.

민들은 애써 농사지은 것을 일본에게 빼앗겨 불만이 쌓여 가고 있었거든. 그런 일본과 손을 잡은 개화파를 상인이나 농민이 좋아할 리 있었겠니? 개화파는 상인이나 농민을 자기 편으로 만들려는 개혁 방안을 제시했지만, 상인이나 농민은 이를 제대로 이해하지 못했어.

임오군란과 갑신정변으로 두 차례나 청나라의 군사적 도움을 받은 조선은 더욱 심해진 청나라의 내정 간섭에 시달려야 했어. 조선은 이런 간섭에서 벗어나기 위해 러시아를 끌어들였어. 청나라의 허락을 받지 않고 비밀리에 '조러 수호 통상 조약'을 맺은 거야.

조선과 러시아의 관계는 여러 나라를 긴장시켰어. 조선에 큰 영향력을 행사하던 청나라는 물론, 조선 진출의 기회를 다시 노리고 있던 일본도 달가워하지 않았지. 그리고 세계 여러 곳에서 러시아와 대립하고 있던 영국까지 끼어들었어.

영국은 러시아가 한반도 남쪽으로 세력을 넓히는 것을 막으려고 군함을 동원해 전라남도의 거문도를 점령했단다(1885년). 이 일을 '거문도 사건'이라고 해.

영국은 2년이나 거문도를 점령하고 있다가, 청나라의 중재로 겨우 철수했지. 청나라가 영국과 러시아로부터 '영국군이 거문도에서 철수하면 러시아는 조선 영토에 침입하지 않겠다.'는 약속을 받아 냈기 때문이야.

조선 정부는 이런 문제를 스스로 해결할 힘이 없었기에 청나라가 또다시 해결사 노릇을 한 거란다.

동학 농민 운동과 청일 전쟁

동학은 교조 최제우가 처형당하는 등 심한 탄압을 받았지만, 임오군란과 갑신정변 이후 온갖 착취를 당하고 있던 농민 사이에서 계속 번져 나갔어. 그리고 1892년에는 전라북도 삼례에서 동학교도 수천 명이 모여 '교조 신원 운동'을 벌였지. 교조 최제우의 억울한 누명을 벗기고 동학 탄압을 중지해 달라는 운동이었어.

동학 농민 운동은 보은 등 다른 지방으로 퍼져 나갔어. 그러면서 동학에 대한 탄압 중단 외에도 부패한 관리의 처벌과 외세를 물리치자는 주장 등을 내세우는 농민 사회 개혁 운동으로 발전했단다.

사발통문
'통문'이란 여러 사람에게 알리는 글을 말해. 고부 관아를 격파하고 악독한 관리를 없애자는 내용을 적은 글에 동학 간부 20여 명이 사발 모양으로 이름을 빙 둘러가면서 적었어. 그래서 '사발'통문이라고 불러.

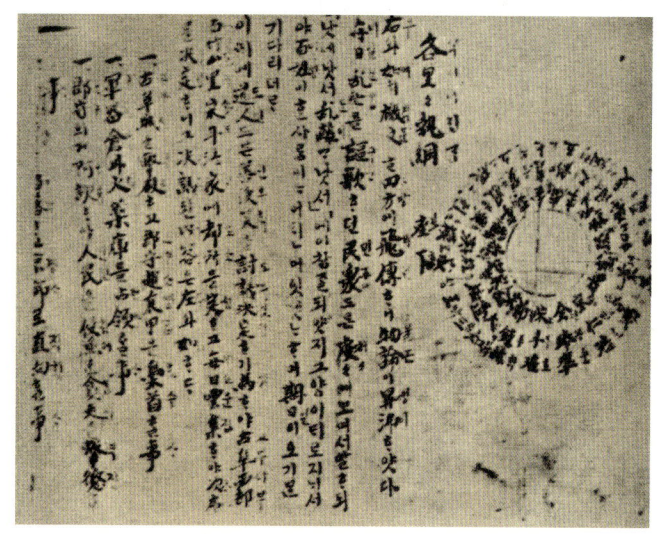

전봉준 동상
동학 농민 운동의 지도자인 전봉준의 동상이야. 성공할 듯했던 동학 농민 운동은 결국 실패로 돌아가고, 전봉준은 처형되고 말았어. 전라북도 정읍에서는 '동학 농민 혁명 기념관'을 세워 그의 뜻을 기리고 있단다.

그 무렵의 일이었어. 전라북도 고부에서 군수 조병갑의 폭정을 견디다 못한 농민들이 들고일어났단다. 조병갑은 농민을 강제로 동원해 강물을 막는 보, 곧 저수지를 쌓은 후 비싼 물세를 받아 착복했어(만석보). 그런가 하면 아버지의 공덕비를 세운다며 그 비용을 농민들에게 물리고, 온갖 명목으로 세금을 거둬들이는 등 폭정을 일삼았지.

농민 봉기에 앞장선 사람은 동학 접주(지역 책임자) 전봉준이었어. 전봉준은 '고부 관아를 쳐서 조병갑을 처단하자.'는 격문을 돌려 1천여 명의 농민군을 모았단다.

1894년 1월, 전봉준이 이끄는 농민군은 고부 관아를 점령했어. 그러나 조병갑은 이미 도망가 버린 후였지. 그 후 조병갑은 많은 잘못이 밝혀져 귀양을 갔지만, 1년 만에 풀려나 다시 벼슬길에 올랐어. 중앙에 튼튼한 배경이 있었기 때문이기도 하고, 당시 조정이 그만큼 부패해 있었다는 이야기도 되지.

전봉준은 창고에 쌓여 있던 곡식을 풀어 굶주린 농민들에게 나눠 주고, 죄 없이 옥에 갇혀 있던 사람들도 풀어 줬어. 또 농민들에게 원성의 대상이었던 만석보도 허물어 버렸단다.

전봉준은 전라도 지역의 다른 동학 접주들에게 연락해서 계속 농민군을 모았어. 그래서 8천여 명의 농민군이 모여들었지.

그해 5월, 전봉준과 농민군은 전라남도 정읍의 황토현 전투에서 관군을 크게 격파했어. 관군과의 첫 대규모 전투에서 승리를 거둔 거였지. 농민군은 그 기세를 몰아 정읍, 흥덕, 고창, 무장, 영광, 함평 등을 잇달아 점령하고 전주성까지 함락시켰어. 전라도 지방을 모두 장악한 거야.

농민군의 기세에 당황한 조정은 그들의 요구를 들어주겠다며 화해하자고 했어. 그러면서 다른 한편으로는 청나라에게 농민군을 진압해 달라고 요청했지. 임오군란과 갑신정변에 이어 또 청나라에 손을 내민 거였어.

청나라 군사 2천5백여 명이 조선에 도착했어. 이를 알게 된 일본도 3천3백여 명의 군사를 조선에 파병했어. 조선 땅에는 당장이라도 큰 전쟁이 일어날 것 같은 긴장감이 감돌았지.

정읍 황토현 전적
동학 농민 운동 당시 농민군이 관군에게 큰 승리를 거두었던 자리야. '전적'은 전쟁의 흔적을 말하지. 황토현 전투의 승리로 동학 농민 운동은 널리 퍼져 나갈 수 있었단다.

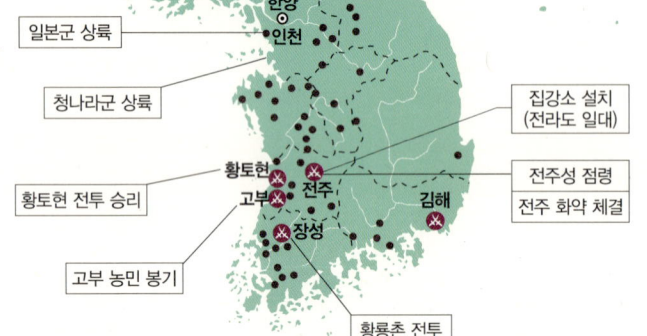

전봉준은 고민하지 않을 수 없었어. 신식 무기로 무장한 군대에게 당장 전주성을 빼앗길 것 같은 데다, 만약 청나라와 일본이 조선 땅에서 전쟁이라도 벌인다면 그 피해는 고스란히 조선에 돌아올 것이 뻔했으니까.

전봉준은 조정의 화해 제안을 받아들이기로 했어. 외국 세력이 조선 땅에서 하루빨리 물러나는 것이 더 중요하다고 생각했기 때문이야. 그래서 농민군 대표와 조정 대표가 전주에서 만나 화해를 약속하는 '전주 화약'을 맺었어.

농민군은 전주 화약을 맺으면서 '잘못된 정치를 바로잡기 위한 열두 개 개혁안(폐정 개혁안)'을 내놓았어. 탐관오리 처벌, 과도한 세금을 걷지 말 것, 노비 문서를 불태울 것, 토지를 균등하게 분배할 것, 과부가 다시 결혼할 수 있도록 허용할 것 등의 내용이 있는 개혁안이었지.

폐정 개혁안은 그동안 농민군의 주장이 어떻게 변해 왔는지를 보여 주고 있어. 처음에는 지배층의 착취를 견디다 못 한 농민들이 들고일어난 거였지만, 차츰 봉건적인 질서에 맞서 나라를 근대화하기 위한 운동으로 발전했던 거야.

전주 화약을 맺은 농민군은 해산을 하고 각자 집으로 돌아갔어. 그러나 이것으로 모든 일을 끝낸 것은 아니었지. 농민군의 세력 아래에 있던 전라도와 충청도, 경기도 지방의 각 고을에 '집강소'를 설치하고 폐정 개혁안을 실천에 옮기도록 노력했어. 집강소는 우리나라 농민이 처음으로 정치에 참여했던 '농민 자치 기구'라고 할 수 있단다.

한편 농민군이 해산하자 조정에서는 청나라와 일본에게 군대

● '봉건적'이란 말은 무슨 뜻일까?

'봉건적'이라는 말은 땅이나 다른 물질적인 것을 매개로 맺은 주인과 종의 관계를 의미해. 이 단어는 원래 중세 유럽 사회를 지탱했던 봉건 제도에서 나온 말이란다. 봉건 제도는 믿을 만한 사람에게 땅을 주어 그곳을 독자적으로 다스리게 하고 충성을 약속받는 데에서 출발했어. 이후 봉건 제도나 봉건 사회는 좀 더 넓은 의미로 바뀌었어. 사회적 위치나 계급에 따라 신분의 상하 관계가 분명하며, 서열이나 등급에 따라 의무와 권리가 다르고 또 그것이 세습되는 계급 사회를 뜻하게 됐어. 즉 조선도 양반과 천민 등으로 신분이 나뉘고, 이 신분이 세습되는 사회였기 때문에 봉건 사회라 할 수 있단다.
지금 우리가 일상에서 자주 쓰는 봉건적이란 말은 넓은 의미에서 사용되고 있어. 평등하지 않고 지배와 복종의 관계인 신분 질서를 뜻하지. 또 자유롭거나 열린 생각이 아닌 고루하고 보수적인 생각이나 그런 성향 등을 가리키기도 해. 혹은 과거처럼 신분이나 서열에 따른 질서를 중요하게 여겨, 개인의 자유나 권리 등을 중요하지 않게 생각하는 것을 빗대어 말하기도 한단다.

를 철수해 달라고 요구했어. 하지만 일본은 조선에서 다시 내란이 일어날 수 있다는 이유로 거부했을 뿐 아니라 군사를 더 파병했어. 청나라도 군대를 철수하지 않았지. 그러던 일본이 결국 일을 저질렀어. 전주 화약을 맺고 45일이 지난 1894년 6월 21일 새벽, 일본군은 마구 총질을 하며 경복궁에 난입했어. 그리고 고종을 위협해서 왕비 민씨 일파를 몰아내고, 흥선 대원군을 앞세워 김홍집을 중심으로 한 친일 내각(국정을 집행하던 최고 기관)을 구성했어.

2차 동학 농민 운동
- 봉기 지역
- 전투지

또 이틀 뒤인 6월 23일에는 청나라 군대를 기습 공격해서 '청일 전쟁'을 일으켰어. 엉뚱하게도 우리나라가 청나라와 일본의 전쟁터가 된 거였지. 두 나라는 평양에서 크게 맞붙었고, 일본의 승리로 전투가 끝났어.

청일 전쟁에서 승리한 일본은 본격적으로 우리나라 내정에 간섭하기 시작했지. 이를 본 농민군은 '일본군 철수'와 '친일 정권 타도'를 외치며 다시 봉기했어(1894년 9월). 이것을 '2차 동학 농민 운동'이라고 해.

전봉준이 이끄는 농민군은 충청남도 논산에 모여 전열을 가

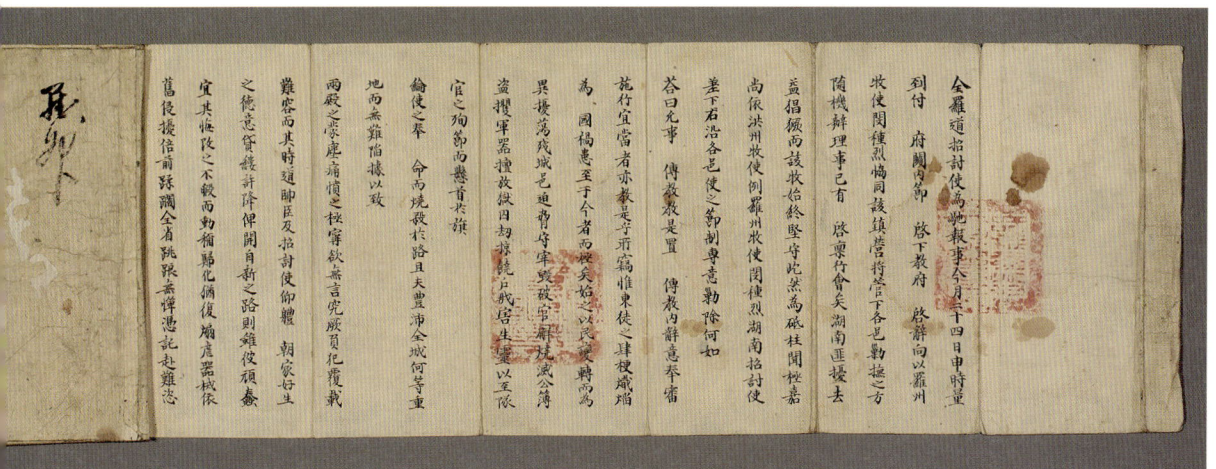

호남 초토사 민종렬이 동학 농민 운동과 관련해 의정부에 올린 보고서
나주성은 전라도에서 동학군에게 점령되지 않은 유일한 곳이야. 이 문서는 나주성을 책임지고 있던 호남 초토사 민종렬이 의정부에 올린 보고서란다. 동학군을 토벌한 경과와 정예 병력을 요청하는 내용이 적혀 있어.

다듬은 후 공주를 향해 진격했어. 일본군과 관군의 거점인 공주를 점령한 다음 한양으로 진격하겠다는 작전이었지.

신식 무기로 무장한 일본군은 공주 남쪽의 '우금치'라는 가파른 고개에서 농민군을 막아섰어. 이곳에서 50여 차례나 치열한 전투가 벌어졌지.

농민군은 용감하게 싸웠지만, 신식 무기로 무장한 일본군에게 맞서기에는 힘이 부쳤어. 결국 이 전투에서 9천여 명이 넘는 전사자를 내고 패배하고 말았지.

그 후 농민군은 원평, 태인 등에서 몇 차례 더 전투를 벌였어. 하지만 일본군과 관군에게 계속 패했지. 그리고 그해 12월, 전봉준이 부하의 밀고로 체포되면서 동학 농민 운동은 막을 내렸단다. 전봉준은 이듬해 3월 처형됐어.

비록 동학 농민 운동은 실패로 끝났지만, 외세의 침략을 물리치고 봉건적인 조선을 근대화하려 했던 역사상 가장 큰 규모의 농민 운동이었다는 점에서 그 의의를 찾을 수 있을 거야.

갑오개혁과 을미사변

전주 화약으로 1차 동학 농민 운동이 끝나자, 정부는 교정청을 설치하고 농민들이 내세웠던 주장을 중심으로 개혁 정책을 펼치려 했어. 그러나 경복궁에 침입해 조선 정부를 장악한 일본의 간섭으로 정부의 독자적인 개혁 정책은 좌절되고 말았지.

김홍집 내각은 일본의 강요로 교정청을 폐지하고 '군국기무처'를 만들어 근대적인 제도 개혁을 펼쳤어. 이를 '1차 갑오개혁'이라고 해. 군국기무처는 일본이 만든 거나 마찬가지지만, 그 운영을 맡았던 사람은 개혁적인 성향을 가진 인물들이었어.

그 후 일본은 군국기무처를 폐지했어. 그리고 갑신정변의 주역이었던 박영효를 불러들여, 김홍집과 박영효를 중심으로 한 내각을 출범시켰어. 비록 군국기무처는 폐지됐지만, 내부대신 박영효 등은 고종이 1895년 1월 7일 선포했던 '홍범 14조'를 바탕으로 군국기무처의 개혁을 이어 가려고 노력했어. 이를 '2차 갑오개혁'이라고 해.

그럼 두 번에 걸친 갑오개혁이 어떤 내용이었는지 알아볼까? 먼저 정치적으로는 청나라에 대한 의존에서 벗어나 자주독

박영효
김옥균과 함께 갑신정변을 주도했던 인물이야. 갑신정변이 실패하자 일본으로 망명했다가, 이후 조선으로 돌아와 을미개혁을 이끌었지. 조선의 개혁을 바랐지만 변절한 친일파로 생을 마감했단다.

홍범 14조

1895년 1월 7일, 고종은 일본 공사 이노우에와 내부대신 박영효의 권고에 따라 흥선 대원군과 왕세자를 비롯한 왕족과 신하 들을 거느리고 종묘에 나갔어. 그리고 〈독립 서고문(나라의 독립을 알리는 글)〉과 홍범 14조를 선포했어. 또 일주일 후인 1월 14일에는 홍범 14조를 순한글체와 순 한문체, 국한문 혼용체로 각각 작성하여 선포했지.

홍범 14조는 갑오개혁과 같은 내용이 많아. 갑오개혁의 목표를 강령으로 만들어 선포한 것이 바로 홍범 14조였거든. 그 내용을 자세히 살펴보도록 할까?

1. 청나라에 의존하는 생각을 끊고 자주독립의 기초를 세운다.
2. 왕위 계승은 왕족만 하고, 왕족과 친척의 구별을 명확히 한다.
3. 임금은 각 대신과 의논하여 정치를 하고, 종실과 외척의 정치 관여는 용납하지 않는다.
4. 왕실의 일과 국가의 일을 나누어 서로 혼동하지 않는다.
5. 의정부와 각 아문(관청)의 직무와 권한을 명백히 규정한다.
6. 납세는 모두 법으로 정하고, 함부로 세금을 거두지 못한다.
7. 세금을 걷는 일과 경비 지출은 모두 탁지아문에서 관장한다.
8. 왕실이 솔선하여 경비를 절약함으로써 각 아문과 지방관의 모범이 된다.
9. 왕실과 관청의 1년 회계를 미리 정하여 재정의 기초를 확립한다.
10. 지방 관제를 개정하여 지방 관리의 직권을 제한한다.
11. 우수한 젊은이를 외국에 보내 앞선 문물을 익히게 한다.
12. 장교를 교육하고 징병제를 실시하여 군사 제도의 기초를 확립한다.
13. 민법과 형법을 제정하여 국민의 생명과 재산을 보호한다.
14. 문벌을 가리지 않고 널리 인재를 뽑아 쓴다.

비록 일본 공사의 권고로 홍범 14조를 만들기는 했지만, 국왕이 나라 안팎에 우리나라의 자주독립을 처음으로 선포하고, 나라를 어떻게 다스릴 것인지 밝힌 문서라는 데 역사적으로 큰 의의가 있어.

갑오개혁 이후의 조선 군대
갑오개혁에는 조선 군대를 근대식으로 개편하는 항목도 포함되어 있었어. 실질적으로 군사 제도를 개편한 것은 아니지만, 일본인 교관의 지도를 받고 군복의 형태를 서양식으로 바꾸는 등 여러 변화가 있었지.

립 국가임을 밝히고, 왕실의 일과 국가의 일을 분리해서 왕권을 제한하려 했어. 과거 제도를 폐지하고, 관리를 뽑을 때는 가문을 따지지 않고 인재를 뽑는다는 내용도 있었어.

사회적으로는 양반과 상민의 신분 차별과 노비 제도가 공식적으로 폐지됐어. 과부가 자유롭게 다시 결혼하는 것도 허용됐지. 또 고문과 연좌제(죄인의 가족이나 친척까지 함께 벌을 받는 제도)를 폐지하고, 재판소를 설치해 정당한 재판 절차를 거치지 않고 벌을 받는 일이 없도록 했어.

한양에 많은 근대식 학교도 세웠어. 달라진 세상을 가르쳐 줄 교육 기관이 필요했기 때문이야. 오늘날의 초등학교에 해당하는 소학교를 세우고, 근대식 교육을 담당할 선생님을 길러 내기 위해 한성 사범 학교를 설립하였지. 외국의 문물을 받아들이려면 외국어를 잘해야 하니까 외국어 학교도 세웠어.

한편 청일 전쟁에서 승리한 일본은 청나라에게 많은 배상금을 받아 내고 요동반도까지 차지해 버렸어. 이를 본 러시아·독일·프랑스가 가만있을 리는 없었지. 세 나라 모두 진작부터 중국 진출을 노리고 있었거든.

세 나라는 일본에 압력을 넣어 요동반도를 청나라에게 돌려주도록 했어. 이를 '삼국 간섭'이라고 해.

삼국 간섭으로 일본의 기세가 꺾이는 것을 본 고종은 러시아를 끌어들여 일본 세력을 몰아내고, 일본의 간섭에서 벗어나려 했어. 그러자 일본은 생각지도 못한 만행을 저질렀단다.

1895년 10월 8일 새벽, 일본인들이 총을 쏘며 경복궁으로 침입했어. 궁궐을 지키던 훈련대 연대장 홍계훈은 총에 맞아 그 자리에서 숨졌지. 일본인들은 계속해서 경복궁 안 깊숙한 곳에 있는 건청궁으로 달려가, 왕비의 거처인 옥호루로 뛰어들었어.

깜짝 놀란 궁내부 대신 이경직이 앞을 막아섰지만 일본인의 칼에 살해됐어. 일본인들은 칼을 마구 휘둘러 왕비와 궁녀들을 살해했단다. 친러 정책의 중심에 왕비 민씨가 있다고 생각해서 왕비를 살해한 거야. 그리고 증거를 없애기 위해 왕비의 시신을 부근에 있는 녹원이라는 숲으로 가져가 석유를 뿌리고 불태웠지.

이 일을 '을미사변'이라고 해. '을미년에 일어난 큰 변고'라는 뜻이지.

일본은 을미사변을 흥선 대원군이 저지른 일이라고 떠넘기려 했어. 평소 흥선 대원군과 왕비 민씨의 사이가 나빴던 것을 이용하려 했던 거야.

고종은 왕비를 죽인 범인이 일본인이라는 사실을 알았지만 아무것도 할 수 없었어. 일본인들에게 둘러싸여 옴짝달싹할 수 없었던 데다, 고종 자신도 언제 일본인들에게 목숨을 잃을지 모른다는 위협 속에 있는 처지였으니까.

일본은 고종을 위협해서 다시 김홍집, 유길준, 서광범을 중심으로 한 새로운 내각을 구성했어. 일본을 등에 업은 새 내각은 왕비의 죽음은 아랑곳하지 않고 갑오개혁의 뒤를 잇는 새 개혁을 시작했어. 이를 '을미개혁'이라고 해.

을미개혁은 갑오개혁 때와 같은 정치 개혁보다는 근대 문물을 받아들이는 데 초점을 맞춘 개혁이었어. 왕비의 죽음으로 일본에 대한 백성들의 감정이 좋지 않은 터에 섣불리 정치 개혁을 했다가는 큰 반발을 불러일으킬 것이 뻔했으니까.

양력 사용, 종두법 실시, 우체국 및 소학교 설치, 단발령과 서양식 의복 착용의 허가 등이 을미개혁의 중요 내용이야. 또 '건양'이라는 연호도 사용했어. 그 전에는 청나라 등의 눈치를 보느라 독자적인 연호를 사용하지 못했거든.

명성 황후 국장 을미사변이 일어난 직후, 고종은 명성 황후의 장례를 치를 겨를도 없이 러시아 공사관으로 피신했어. 그래서 명성 황후의 장례식은 고종이 다시 궁으로 돌아와 대한 제국을 선포한 1897년에야 치르게 됐단다.

5. 조선, 격동의 소용돌이 속으로!

6
근대 국가로 가는 길

을미사변 이후 고종은 러시아 공사관으로 피신했어. 이때부터 여러 열강은 우리나라의 각종 이권을 빼앗아 가기 시작했지. 우리 민족은 《독립신문》을 창간하고, 독립 협회를 설립하는 등 나라의 힘을 기르기 위해 다양한 노력을 펼쳤어. 그 무렵이었지. 고종이 러시아 공사관에서 돌아와 대한 제국의 황제 즉위식을 거행했어. 또 전 세계에 우리나라가 자주 국가임을 선포했단다.

6 근대 국가로 가는 길

러시아 공사관으로 간 고종 | 독립 협회를 만들다 | 대한 제국을 선포하다 | 서양 문물이 몰고 온 변화의 바람

러시아 공사관으로 간 고종

갑오개혁과 을미개혁은 조선이 근대 국가로 발전하기 위해서는 거쳐야만 했던 개혁이었어. 여기에는 갑신정변과 동학 농민 운동에서 내세웠던 주장이 많이 반영되었지. 그러나 일본의 강압으로 이루어진 개혁이어서 일반 백성의 지지를 받지 못했어.

특히 남자들의 상투머리를 자르라는 단발령은 거센 저항을 불러일으켰단다. 머리카락은 부모에게 물려받은 몸의 일부이므로, 함부로 훼손해서는 안 된

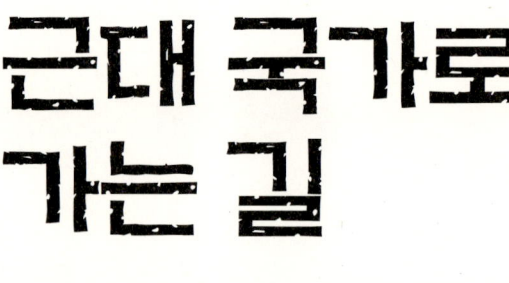

단발한 고종 1895년 11월, 김홍집과 친일파는 나라를 근대화하는 방안의 하나로써 단발령을 선포했어. 바로 그날 고종과 세자는 친일파의 강요로 머리카락을 자르고 양복을 입었단다.

다는 것이 당시 사람들의 생각이었거든. 또 단발령에는 조선 사람의 전통을 끊어 민족정신을 말살하려는 일본의 침략 의도가 숨어 있어서 더욱 반발이 컸지.

많은 유생이 단발령에 반대하며 일본을 비판하는 상소를 올렸어. 그러나 일본으로부터 목숨의 위협까지 받고 있던 고종은 그런 일에 이래라저래라 할 힘이 없었지. 오히려 고종이 먼저 상투머리를 잘랐어. 일본이 백성들에게 상투를 자르는 모범을 보이라고 강요했기 때문이야.

을미사변과 단발령으로 백성들의 반일 감정은 점점 거세지고, 여기저기서 의병이 일어났어. 경기도의 박준영, 충청도 홍주(지금의 홍성)의 김복한과 제천의 유인석, 춘천의 이소응 등이

● 근대 국가

근대 국가는 19세기에 영국과 프랑스에서 일어났던 시민 혁명 이후, 시민 계급이 정치의 중심 세력으로 등장한 국가 형태를 말해. 따라서 그리스의 도시 국가나 중세의 봉건 국가 또는 시민 혁명 이전의 절대주의 국가와는 정치 원리와 정치 운영 방법이 완전히 달라.
근대 국가의 정치 원리는 '나라의 주권은 국민에게 있으며(국민 주권주의), 정치는 국민의 대표 기관인 의회에서 제정한 법률에 따라 운영되고(법치주의), 국민의 권리와 자유는 최대한으로 보장되어야 한다(인권 보장).'는 것이야. 그리고 이와 같은 정치 목표를 달성하기 위해서는 대의제(의회 민주주의)와 권력 분립(삼권 분립) 등 민주적 정치 제도가 마련되어야 하지.
우리나라는 갑신정변 이후 우여곡절을 겪으며 조금씩 근대 국가로 가는 길을 밟아 나가게 되었어.

1895년의 의병 봉기
- 봉기가 일어난 곳
☐ 대표 의병장

을미의병을 이끌었던 대표적인 의병장이야.

이런 혼란을 틈타 왕과 가까운 세력이었던 이범진 등이 고종에게 러시아 공관으로 몸을 피하라고 권했어. 그러지 않아도 일본으로부터 신변의 위협을 느끼며 백성들의 거센 반발까지 받고 있던 고종은 이 권고를 받아들였지. 그리고 비밀리에 세자와 함께 러시아 공사관으로 거처를 옮겼어(1896년 2월 11일). 이것을 '아관 파천'이라고 해.

아관 파천으로 친일 내각은 무너지고, 러시아와 가깝게 지내려는 세력으로 이루어진 새 내각이 들어섰

고종이 러시아 공사관에서 머물던 방
고종은 일본을 견제하기 위해 미국, 영국, 러시아의 공사관을 덕수궁과 가까운 곳에 짓도록 했어. 그리고 러시아 공사관으로 피신하여 이 방에 1년간 머무르며 나랏일을 보았어.

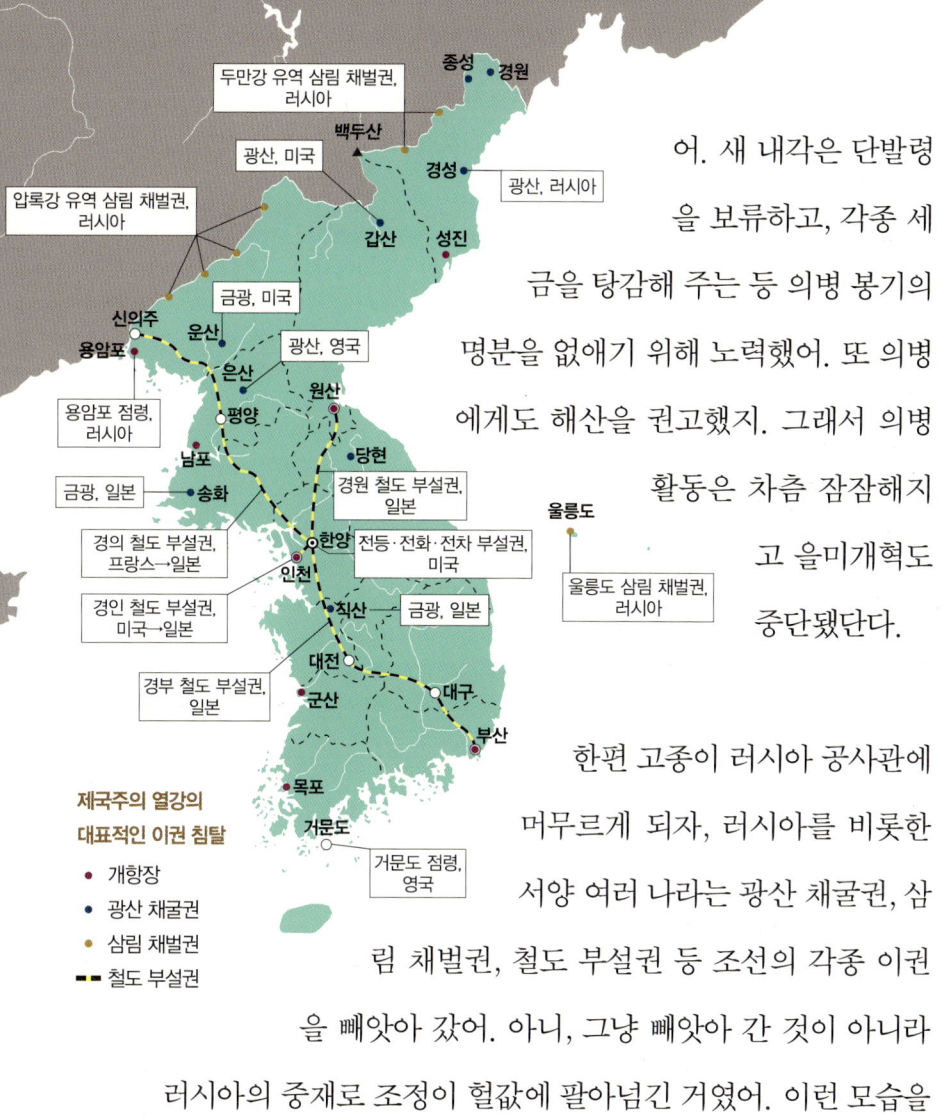

어. 새 내각은 단발령을 보류하고, 각종 세금을 탕감해 주는 등 의병 봉기의 명분을 없애기 위해 노력했어. 또 의병에게도 해산을 권고했지. 그래서 의병 활동은 차츰 잠잠해지고 을미개혁도 중단됐단다.

한편 고종이 러시아 공사관에 머무르게 되자, 러시아를 비롯한 서양 여러 나라는 광산 채굴권, 삼림 채벌권, 철도 부설권 등 조선의 각종 이권을 빼앗아 갔어. 아니, 그냥 빼앗아 간 것이 아니라 러시아의 중재로 조정이 헐값에 팔아넘긴 거였어. 이런 모습을 보면서 백성들은 울분을 느꼈어. 그리고 빨리 외세의 간섭에서 벗어나 자주독립해야겠다는 생각이 높아졌지.

독립 협회를 만들다

아관 파천으로 백성들이 허탈감에 빠져 있을 즈음이었어. 갑신정변에 참여했다가 미국으로 망명했던 서재필이 돌아왔지.

서재필
《독립신문》과 독립 협회를 만든 사람이었어. 미국에서 우리나라의 독립 선언식을 거행했고, 조선 독립의 필요성을 주장하는 외교 활동을 활발하게 펼쳤단다.

서재필은 정부로부터 재정 지원을 받아 《독립신문》을 창간했어(1896년 4월 7일). 먼저 《독립신문》의 창간사를 보도록 할까?

전국 인민을 위해 무슨 일이든지 대변자가 되고, 정부가 하는 일을 백성에게 전하고, 백성의 뜻을 정부에 알릴 것이며, 부정부패한 탐관오리 등을 고발할 것이다.

이만하면 서재필이 《독립신문》을 통해 무엇을 하려고 했는지 짐작이 되지?

서재필은 또 '독립 협회'를 만들었어(1896년 7월). 독립 협회의 목표는 자주독립과 정치 개혁이었지. 독립 협회에는 이상재, 이승만, 윤치호 등 개화파 인사는 물론 이완용, 안경수 등 정부 고위 관리도 여럿 참여했단다.

독립 협회는 청나라 사신을 맞이하는 장소였던 영은문을 헐고, 그 자리에 독립문을 건립해서 독립 정신의 상징으로 삼았어(1897년 11월). 또 청나라 사신이 머무르던 곳인 모화관의 이름

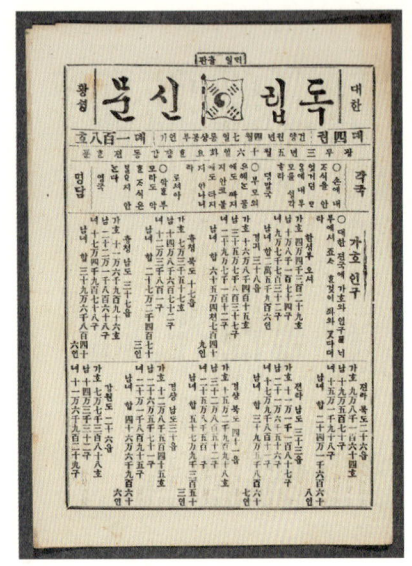

독립신문 《독립신문》은 우리나라 최초의 민간 신문이야. 서재필은 정부가 하는 일과 다른 나라가 조선에게 하고 있는 일을 국민이 알아야 한다고 생각했어. 그래서 신문을 한글로 펴내어 쉽게 읽을 수 있도록 했지.

을 독립관이라고 바꾸고 모임 장소로 사용했지. 조선 시대 사대주의(강한 나라나 사람을 어른으로 받들어 모시는 비독립적인 자세) 외교의 상징과도 같았던 영은문과 모화관을 모두 없앤 거야.

독립 협회가 《독립신문》을 통해 독립문 건립을 위한 성금을 모금하자 많은 사람이 성금을 냈어. 성금을 낸 사람은 누구나 독립 협회의 회원이 될 수 있었지. 이 때문에 독립 협회는 다양한 계층의 사람들이 참여하는 전국적인 단체가 될 수 있었어.

독립 협회는 토론회와 연설회 등을 열어 국민들에게 민주·민권 의식을 심어 주고, 개혁을 통해 부강한 나라를 만드는 일에 힘썼어. 또 러시아 공사관에 머무르던 고종에게 환궁을 호소했지.

고종은 아관 파천을 하고 1년이 지난 1897년 2월 20일에 경운궁으로 돌아왔어. 한편 독립 협회가 《독립신문》과 연설회 등을 통해 정부에 비판적인 활동을 많이 하자, 독립 협회 회장이던

서울 독립문
1897년, 독립 협회는 국민 성금을 모아 우리나라의 독립을 선언하는 독립문을 세웠어. 독립문은 프랑스의 개선문을 본따 만들었다고 해.

이완용이 전라북도 관찰사로 가는 것을 기회 삼아 정부 관료들은 회원에서 탈퇴했단다.

1898년 3월 10일, 독립 협회는 종로에서 만민 공동회를 열었어. 많은 시민과 여러 단체의 회원이 집회에 참석해서 자유롭게

◯ 《한성순보》와 《독립신문》

《한성순보》와 《독립신문》은 각각 우리나라 최초의 신문이야. 어떻게 최초가 둘이냐고? 그래서 '각각'이라는 말을 썼어.

《한성순보》는 정부에서 발간한 신문이고, 한문으로 기사를 썼어. 그리고 우리나라에서 가장 먼저 발간한 신문이었지. 그런 점에서 최초의 신문이야.

《독립신문》은 민간인이 발행한 최초의 신문이야. 서재필이 《독립신문》을 창간했다는 이야기는 앞에서 했지? 또 《독립신문》은 한글로만 기사를 쓴 최초의 신문이기도 해.

《한성순보》는 1883년 10월 1일(음력) 통리아문 박문국에서 처음 발간했어. 1882년, 일본에 수신사(고종 때 일본으로 보냈던 사신)로 갔던 박영효는 대중을 계몽하려면 신문을 발행해야 한다는 필요성을 느꼈어. 그리고 귀국한 다음 고종에게 건의해 발행하게 된 거였지. 한 달에 세 번(1일, 11일, 21일) 나왔는데, 《한성순보》의 '순보'는 '열흘에 한 번 발행한다.'는 뜻이야.

그러나 《한성순보》는 1년을 채 발행하지 못했어. 1884년 12월 4일 김옥균 등이 일으켰던 갑신정변 때 박문국 건물과 활자, 인쇄 시설이 모두 불타 버렸기 때문이었단다. 그 후 1886년부터 《한성주보》로 이름을 바꾸어 다시 발행하기 시작했어. '주보'는 일주일에 한 번 발행하는 신문을 말해.

비록 발행 기간은 짧았지만 《한성순보》는 우리나라 최초의 근대 신문으로서 개화된 문물과 지식을 소개하고, 외세 침략에 대한 경각심을 갖게 하는 등 우리나라의 근대화에 이바지했어. 그러나 한문으로 된 신문이었기에 일반 백성은 널리 읽지 못했어.

《독립신문》은 가로 22센티미터, 세로 33센티미터 크기의 신문이었어. 요즘 신문과 비교하

자기 생각을 이야기했어. 만민 공동회는 우리나라 최초의 근대적인 민중 집회였단다.

그 후 독립 협회는 1898년 10월 28일 관민 공동회도 열었어. 관민 공동회는 민간인이 주로 참여했던 만민 공동회와 달리, 정

면 아주 작은 크기였지. 모두 네 면을 발행했는데, 그 가운데 세 면은 한글이었고 나머지 한 면은 영문이었어. 그러다가 창간 이듬해인 1897년 1월 5일자부터 한글판과 영문판으로 나눠서 두 가지 신문을 발행했지.

한문으로 기사를 썼던 《한성순보》와 달리 《독립신문》은 한글 전용이었기 때문에 누구나 쉽게 읽을 수 있었어. 그래서 백성들에게 근대적 지식과 국제 정세의 흐름을 알려 주고, 그들의 권리와 이익을 보호하는 데 큰 역할을 했단다.

또 백성을 계몽하고 자주독립 정신을 심어 주는 일에도 힘썼어. 뿐만 아니라 정부의 잘못을 날카롭게 비판하고, 관리의 부정부패를 고발했지.

정부에 대한 비판적인 기사를 많이 실으면서 《독립신문》은 수구파의 미움을 사게 되었고, 정부로부터 탄압을 받게 되었어. 그래서 서재필은 미국으로 추방되었지(1898년 5월).

그 후 윤치호와 미국인 아펜젤러, 영국인 엠벌리가 《독립신문》을 발행했지만, 결국 1899년 12월 4일자로 폐간되고 말았어. 정부가 마음에 안 드는 이 신문을 없애기 위해 나랏돈으로 사들여 폐간시켰던 거야.

《독립신문》은 일반 백성들에게 신문의 중요성을 널리 인식하게 해 줬지. 그래서 《황성신문》과 《제국신문》 등이 창간되었을뿐더러(1898년), 이들 신문의 판형과 기사 쓰는 법에도 영향을 미쳤어.

《독립신문》 창간일인 4월 7일은 '신문의 날'로 정해서 해마다 기념하고 있어. 신문의 날이 정해진 때는 1957년이었단다.

부 고위 관리까지 참석한 대규모 집회였지. 독립 협회는 6일 동안 이어진 회의에서 모인 의견을 바탕으로 '헌의 6조'라는 개혁안을 만들어 발표하고, 고종에게도 전달했어.

헌의 6조는 외세에 의존하지 말 것, 외국과 이권 계약에 신중할 것, 언론과 집회의 자유를 보장할 것 등의 내용을 담고 있어. 고종은 헌의 6조의 개혁안을 적극적으로 실행하겠다고 약속했어.

처음에는 고종도 조선의 자주독립을 위해 활동하는 독립 협회를 좋게 생각했어. 그러나 독립 협회의 세력이 점점 커지면서 정부에 대한 비판도 심해지자 차츰 위협을 느끼게 되었지.

◯ 헌의 6조

1. 외국인에게 의지하지 말고 관리와 백성 들이 마음을 함께하고 힘을 합쳐 전제 황권을 굳건히 한다.
2. 광산·철도·석탄·산림 및 차관·차병은 정부가 외국인과 조약을 맺는 것이므로, 만약 각 부의 대신과 중추원 의장이 합동하여 서명하고 날인한 것이 아니면 시행할 수 없다.
3. 전국의 재정은 어떤 세금이든지 막론하고 모두 탁지부에서 관할하고, 다른 부 및 사적인 회사에서 간섭할 수 없으며, 예산과 결산을 사람들에게 공포한다.
4. 이제부터 중대한 범죄와 관계되는 것은 특별히 공판을 진행하되, 피고에게 철저히 설명해서 마침내 피고가 자복한 후에 형을 시행한다.
5. 칙임관은 대황제 폐하가 정부에 자문해서 과반수의 찬성에 따라 임명한다.
6. 규정을 실지로 시행한다.

또 보수적인 정치인들도 독립 협회의 진보적인 개혁안에 두려움을 느껴서 '독립 협회가 황제를 폐위하고 공화정을 세우려 한다.'고 고종에게 모함했어. 그러지 않아도 독립 협회의 세력이 커지는 것을 바라지 않았던 고종은 독립 협회의 중요 회원들을 잡아들이고 해산을 명령했어(1898년).

국민을 계몽하고 자유와 민권에 대한 생각을 널리 퍼뜨려 조선을 근대 국가로 만들려고 했던 독립 협회의 활동은 이렇게 막을 내렸지. 그러나 독립 협회가 백성들에게 심어 준 자주독립에 대한 의지는 그 후 일본의 침략에 맞서는 항일 운동으로 이어졌단다.

대한 제국을 선포하다

아관 파천 후 1년 만에 경운궁으로 돌아온 고종에게 가장 급한 문제는 땅에 떨어진 나라의 위상을 바로 세우는 일이었어. 고종은 이를 위해 연호를 '광무', 나라 이름을 '대한'이라 정하고, 환구단(임금이 하늘에 제사 지내는 곳)에서 성대하게 대한 제국의 황제 즉위식을 올렸어(1897년). 대한 제국이 자주 국가라는 사실을 나라 안팎에 선포한 거야.

또 '대한국 국제'를 반포했어(1899년). 대한국 국제는 대한 제국의 헌법이라고 할 수 있어. 모두 9조로 되어 있는데, 대한 제국이 자주독립 국가임을 밝히고, 행정·입법·사법 및 군사 지휘권

환구단
고종이 나라 이름을 조선에서 대한 제국으로 바꾸면서, 임금을 일컫는 호칭도 왕에서 황제로 격이 높아졌지. 고종은 환구단이라는 제단을 만들고 이곳에서 황제 즉위식을 치렀단다.

대한 제국 황제의 인장
대한 제국 선포 이후, 고종은 나라를 대표하는 도장인 국새도 새롭게 바꿨단다. 기존의 거북 모양 장식에서 황제를 상징하는 용 모양으로 바꾼 것이지. 이 국새는 일본에 빼앗겼다가 되찾아 온 거야.

등 모든 권한을 황제가 가진다는 내용이야.

국제를 헌법이라고 하지 않은 것은 국회에서 제정한 것이 아니고, 황제의 명으로 제정해서 반포했기 때문이었지.

이어서 고종은 대한 제국을 발전시키기 위한 '광무개혁'을 시작했어. 광무개혁은 갑오개혁이나 을미개혁 같은 급진적인 개혁이 아니고, 구본 신참(옛것을 근본으로 삼고 새것을 참고함)을 원칙으로 한 점진적인 개혁이었지. 우리의 전통을 그대로 유지하면서 근대적인 제도와 기술을 받아들이려고 한 거야.

먼저 황제권과 국방력을 강화하기 위해 군사 제도를 개혁했어. 황제가 직접 군대를 통솔하고, 한양의 방어와 국왕의 호위를 담당하는 부대를 강화했지. 군사 업무를 담당하는 부서를 만들고, 무관 학교도 세웠어.

전국의 토지를 조사해서 주인을 확실하게 밝히고 권리를 인정해 줌으로

써, 농민 생활을 안정시키기 위한 개혁도 시행했어.

상공업을 발전시키기 위해 서양의 기술과 문물도 적극적으로 받아들였지. 그래서 철도·전기·광업·통신 시설·병원 등 여러 분야에서 근대적인 시설이 마련되고, 한성은행·대한은행 등 금융 기관도 설립됐어. 또 회사와 공장을 설립하고, 개인이 회사를 세울 때는 자금을 지원해 주기도 했단다.

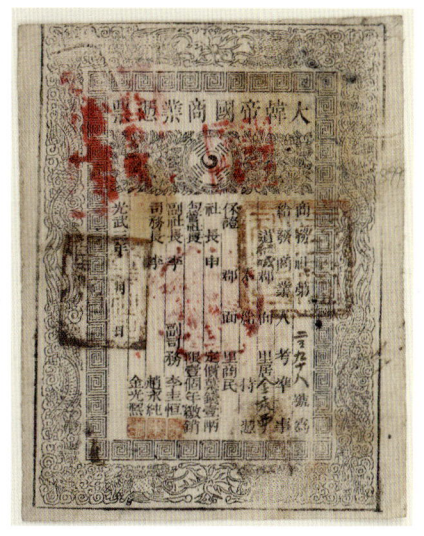

보부상인에게 내린 증명서
1899년, 대한 제국의 전반적인 상업 업무를 담당했던 '상무사'에서 보부상인에게 지급한 문서야. 상무사는 전국의 보부상인을 관리하기도 했거든. 이 문서는 보부상인에게 영업을 허락한다고 관청에서 내린 증명서란다.

인재를 양성하기 위해 각종 학교를 세우고, 외국으로 유학생을 파견하는 데에도 힘썼어.

이런 일을 위해서는 많은 돈이 필요하지 않았겠니? 이 자금은 그동안 외국에 이권을 팔아 모아 놓았던 돈을 사용했어.

광무개혁은 조선을 근대화하는 데 어느 정도 공헌했지만, 황제권 강화에 치우친 나머지 민권 신장 등 백성들의 권리를 보호하는 데에는 미흡했어. 군사 개혁도 마찬가지야. 국방력의 강화보다는 황제권을 지키는 데 필요한 치안 유지 수준에 머물렀지.

또 개화파보다는 보수적인 생각을 가진 관리들이 중심이 되어 추진했기 때문에 조선 사회를 근본적으로 바꾸는 데에는 한계가 있었어. 그래도 외세의 간섭 없이 자주적으로 추진한 개혁이라는 점에서 큰 의미가 있단다.

러일 전쟁(1904~1905년에 러시아와 일본이 우리나라와 만주를 서로 차지하기 위해 벌였던 전쟁)이 일본의 승리로 끝나고, 일본이 다시 조선에 영향력을 발휘하게 되면서 광무개혁은 중단됐어.

서양 문물이 몰고 온 변화의 바람

개항 이후 외국과 교류가 잦아지고 서양 문물이 들어오면서 조선 사회에는 많은 변화가 일어났단다. 정부는 서양의 우수한 기술과 무기를 받아들이는 데 힘써, 근대적 무기 공장인 기기창을 설치하고 최초의 근대적 병원인 광혜원도 설립해서 운영했어.

전신·전화·전기·철도·은행같이 생활을 편리하게 해 주는 근대적 시설과 제도도 도입됐어.

전신을 처음 도입한 것은 1885년 9월 28일에 한양과 인천 사

광혜원
우리나라 최초의 서양식 국립병원으로 '제중원'이라고 불리기도 해. 미국의 선교사이자 의사인 알렌이 진료를 보았지. 광혜원은 첫 1년 동안 무려 1만 460여 명의 환자를 치료했단다.

이를 잇는 전선을 가설하고, 이를 관할하는 한성전보총국을 개국하면서부터야. 그 후 한양과 의주, 한양과 부산 사이에 전선이 놓였어.

전신이 뭐냐고? 미국의 발명가 새뮤얼 모스가 개발한 것으로, 멀리 떨어진 곳에 전달할 내용을 부호로 알리는 통신 방법이야. 전선을 통해 '톡 톡 토도독……' 부호를 보내면, 상대방은 부호의 길이와 횟수를 보고 내용을 알지. 그러니까 전신을 보내려면 전봇대를 세우고 전선을 먼저 설치해야 돼. 전신은 청나라가 우리나라와 빠르게 연락하려고 전선을 설치하면서 시작됐어.

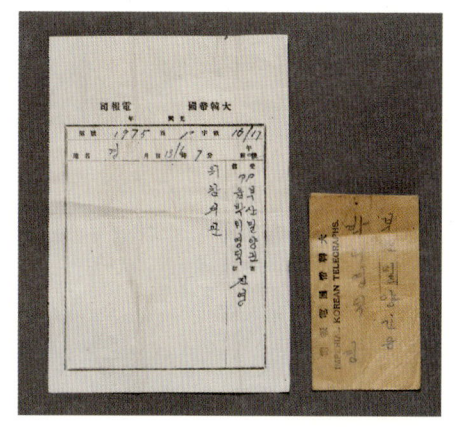

대한 제국 전보
우리나라는 1885년에 한양과 인천을 연결하는 전선망이 개통되면서 전보 업무가 시작되었어. 이 사진은 전보국에서 받은 전신을 종이에 옮겨 적은 거란다. 이렇게 전신 내용을 적은 종이를 봉투에 넣어 배달했지.

1887년에는 경복궁에 처음으로 전등불을 밝혔어. 전등은 에디슨 전등 회사가 가설했어. 토머스 에디슨이 전등을 발명했던 때가 1879년이니까, 그 후 10년도 되지 않아 우리나라에 전등이 들어온 거야. 그러나 민가에는 보급되지 않았고 고장도 잦아 '건달불'이라는 말을 들었어.

1898년에는 경운궁에 전화를 가설했어. 전화는 부호를 전달하는 전신과 달리, 목소리로 멀리 떨어진 사람과 이야기를 나눌 수 있는 기계였기 때문에 당시로서는 여간 놀라운 것이 아니었지.

또 이듬해에는 서대문과 청량리 사이에 전차가 다니기 시작했고, 한양과 인천 사이에 경인선이 개통돼 기차가 다니는 철도 시대가 열렸단다.

6. 근대 국가로 가는 길 | 113

경인선 개통 시의 그림
우리나라 최초의 철도는 일본인이 만든 경인선이었어. 총 길이는 27킬로미터로, 한양의 노량진과 인천의 제물포를 이어 주었단다. 1889년에 개통되었지.

1903년에는 임금 전용 자동차(어차)가 등장했어. 이것이 우리나라 최초의 자동차였지. 그러나 미국에서 자동차를 배에 싣고 오는 데 여러 달이 걸려서 즉위 40주년 기념식에는 사용하지 못했어. 그 이전에도 우리나라에 머물던 외교관이나 기술자, 선교사 들이 자동차를 타고 다니기는 했어.

은행도 설립됐어. 우리나라에 처음 은행이 모습을 보인 것은 1878년에 일본의 제일은행 부산 지점이 문을 열면서였어. 그 후 1897년에는 민족 자본가들이 한성은행을 설립했지. 또 1909년에는 중앙은행인 한국은행을 설립했어.

한국은행은 화폐도 발행하고 그 밖의 화폐와 관련된 모든 업무를 처리했어. 그러나 은행 거래는 사람들에게 익숙한 일이 아니어서, 돈이 있어도 은행에 맡기기보다는 장롱 속에 숨겨 두는 경우가 더 많았지.

우편 제도는 을미개혁 때 처음 시행되었는데, 만국 우편 연합에 가입하면서 외국과도 편지를 주고받을 수 있게 되었어.

서양 문물을 받아들이는 것은 거스를 수 없는 시대의 흐름이었고, 조선의 근대화에도 크게 이바지했어. 하지만 서양 열강과 청나라, 일본의 침략에 이용되기도 했단다. 전선은 청나라와 일본이 경쟁적으로 건설하여, 자기 나라에 조선의 사정을 빠르게 알리는 데 이용했어. 경부선과 경의선 철도도 일본이 러일 전쟁

때 군사적인 목적으로 이용하기 위해 깔았던 거야.

 일본은 철도를 깔고 역을 지을 땅을 마구 약탈해서 백성들의 생활 터전을 빼앗아 갔어. 그래서 백성들에게 큰 저항을 받았지.

 문화와 예술 분야에서도 변화의 바람이 일어났어.

 개화 정책이 추진되고 한글이 널리 보급되면서 문학 분야에서는 신소설, 신체시 같은 새로운 형식의 문학 작품이 창작되었단다.

 개화파 지식인들은 예전의 고대 소설과 다른 새로운 형식의 소설을 선보였는데, 이를 신소설이라고 해. 신소설은 언문일치의 문장을 사용하고 근대적인 사상과 문물의 도입, 과거의 관습에 대한 비판 등의 내용을 담고 있었지. 그러나 일제의 침략을 은근히 합리화하는 내용의 작품도 없지 않았어. 이인직의 〈혈의 누〉, 이해조의 〈자유종〉, 최찬식의 〈추월색〉 등이 대표적인 신소설 작품이야.

 신체시는 옛 시와는 다르지만 아직 현대적 시의 형식은 갖추지 못한 중간 형태의 시라고 할 수 있어. 최남선의 〈해에게서 소년에게〉를 최초의 신체시로 꼽고 있지.

화재 당시의 원각사
원각사는 우리나라 최초로 만든 서양식 극장이었어. 〈춘향가〉 〈심청가〉 등 판소리를 주로 공연하다가, 이인직의 〈은세계〉를 공연하면서 연극을 상연하는 장소로 자리 잡았어. 1914년의 화재로 지금은 볼 수 없게 되었단다.

또 《걸리버 여행기》《이솝 이야기》《로빈슨 크루소》 같은 외국 문학 작품이 한글로 번역되어 소개되기도 했어.

서양 음악이 들어오면서 창가도 유행했어. 서양 노래에 우리말 가사를 붙여 노래 불렀던 것을 창가라고 해. 〈애국가〉〈독립가〉〈권학가〉 등 민족의식을 높이고 새로운 문화를 장려하는 내용이 많았지.

서양식 극장도 등장했어. 1908년에 원각사를 건립하고 처음에는 창극 등을 주로 공연하다가, 그 후 〈은세계〉〈치악산〉 등 신소설을 각색한 연극을 공연하기 시작했어.

미술 분야에서는 서양화가 들어와 유화를 그리기 시작했지. 그 무렵의 대표적인 서양화가이자 우리나라 최초의 서양화가는 고희동이었단다.

옷과 음식, 집 등 살아가는 모양새에도 큰 변화가 일어났어. 전통적인 한복 대신 서양식 옷차림(양장)에 모자를 쓰는 사람이 늘어나고, 서양식 음식 문화도 퍼져 나갔어. 또 개항한 항구 도

🟢 창극

창극은 판소리를 서양의 오페라처럼 만든 거야. 무대에서 공연할 수 있도록 만든 극음악이지. 판소리는 한 명의 소리꾼이 북장단에 맞춰 노래로 이야기를 엮어 나간단다. 반면 창극은 여러 소리꾼이 등장인물의 역할을 나눠 맡아서 노래하고 연기도 하면서 이야기를 엮어 나가지. 다른 말로 '국극'이라고도 불러.

시와 한양을 중심으로 서양식 집도 들어섰지.

변화의 바람이 일어난 곳은 종교 분야도 마찬가지야. 천주교는 고아원, 양로원 등을 운영해 소외받는 계층을 돌보며 선교 활동을 했지. 개신교는 선교사가 들어와 학교를 세워 근대식 교육을 하고, 병원을 열어 서양 의술로 환자를 치료했어. 또 평등 의식을 전파하기 위해서 애썼지.

민족 종교인 동학은 손병희가 '천도교'로 이름을 바꾸고 교육과 문화 사업에 힘썼어. 나철과 오기호는 단군 신앙을 부활시키고 민족정기를 되살리기 위해 대종교를 창시했어(1909년).

다른 종교에 비해 변화의 바람을 받아들이는 것이 느렸던 유교와 불교에서도 혁신의 움직임이 일어났어. 박은식은 〈유교 구신론〉을 써서 유교의 대중화를 주장했고, 한용운은 《조선 불교 유신론》에서 조선 불교의 자주성을 회복하고 미신적인 요소를 없애자고 주장했어.

나철 나철은 을사늑약을 체결한 을사오적을 처단하기 위해 암살단을 조직했던 사람이었어. 또 단군 신앙인 대종교를 창시해 민족정신을 바로잡고자 애썼어.

한용운 3·1 운동이 일어난 1919년 3월 1일, 민족 대표 서른세 명 가운데 불교계를 대표해 독립 선언을 이끈 승려이자 독립운동가이며 시인이야. 조선 독립을 염원하는 마음을 담아 지은 시도 유명하단다.

조선 후기부터 대한 제국까지 연표

2. 규장각 설치
정조는 왕위에 오른 직후 왕실 도서관인 규장각을 만들었어. 자신의 정책을 뒷받침해 줄 정치 기구가 필요했기 때문이었지. 이곳에서 정약용처럼 뛰어난 인재를 육성했단다.

4. 신유박해
서양 학문으로 조선에 들어왔던 천주교는 18세기 후반부터 신앙으로 받아들여졌어. 천주교의 평등사상은 백성 사이에 널리 퍼져 갔고, 이를 경계한 조선 정부는 천주교 신자를 대대적으로 탄압했지.

6. 경복궁 완공
흥선 대원군은 왕실의 권위를 높이고자 임진왜란 때 불탄 경복궁을 다시 지었어. 1865년부터 시작된 경복궁 재건은 백성을 강제로 공사에 동원하고, 비용 마련을 위해 너무 많은 화폐를 발행하면서 불만을 사게 되었단다.

1776년 **1801년** **1868년**

1724년 **1796년** **1860년**

1. 탕평책 실시
왕위에 오르기 전 붕당의 폐해를 몸소 느낀 영조는 즉위하자마자 탕평책을 실시했어. 하지만 완벽하게 성공하지 못했단다. 결국 아들인 사도 세자를 뒤주 속에 가둬 죽이는 비극적인 사건이 벌어졌지.

3. 수원 화성 완공
정조는 1794년부터 수원에 화성이라는 신도시를 건설했어. 규장각 출신의 실학자 정약용이 화성 성곽을 설계했지. 그가 개발한 거중기 같은 과학적인 기구 덕분에 공사는 약 2년 9개월 만에 끝났단다.

5. 동학 창제
동학은 경주의 몰락한 양반 최제우가 세운 종교란다. '서학에 반대한다.'는 의미로 동학이라는 이름을 붙였지. 동학에는 전통적인 민간 신앙에 유교·불교·도교의 사상이 합쳐져 있어. 훗날 동학 농민 운동의 기반이 되었지.

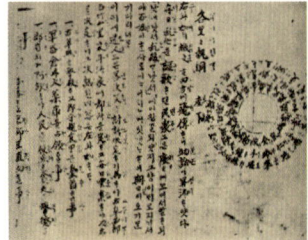

강화도 조약 체결

1875년에 일어난 운요호 사건을 계기로 조선은 일본과 '조일 수호 조규'를 맺게 되었어. 흔히 '강화도 조약'이라고 부르지. 외국과 가장 먼저 맺은 불평등 근대 조약이란다.

갑오개혁 실시

1차 동학 농민 운동이 끝난 후 일본의 강요로 근대적 제도 개혁이 시행됐어. 1894년에 군국기무처를 중심으로 한 김홍집 내각의 개혁이 1차 갑오개혁, 1895년에 홍범 14조를 바탕으로 한 개혁이 2차 갑오개혁이야.

대한 제국 선포

고종은 1896년에 러시아 공사관으로 거처를 옮겼다가 이듬해 2월 경운궁으로 돌아왔지. 그리고 나라의 위상을 바로 세우기 위해 대한 제국의 황제 즉위식을 올렸단다.

1876년 **1894년** **1897년**

1866년 **1884년** **1895년**

병인양요

조선 정부가 프랑스 선교사와 조선인 천주교도를 대대적으로 탄압한 사건을 병인박해라고 해. 이 사실을 알게 된 프랑스가 강화도에 쳐들어오면서 병인양요가 일어났어.

갑신정변

조선의 개화파는 온건 세력과 급진 세력으로 나뉘었어. 그중 급진 개화 세력이 우정총국 개국 축하 연회 때 정변을 일으켰어. 하지만 그들의 세상은 삼일천하로 끝났단다.

을미사변

일본은 러시아를 끌어들여 일본의 간섭에서 벗어나려 하는 중심인물이 명성 황후라고 생각했어. 그래서 경복궁에 침입하여 명성 황후를 살해하는 끔찍한 만행을 저질렀단다. 이를 계기로 을미의병이 일어났지.

7

나라를 빼앗기다

1905년, 일본에 의한 을사늑약이 강제로 체결되었어. 고종 황제의 서명이 없는 엉터리 조약이었지만, 이로 인해 대한 제국은 일본에 외교권을 빼앗기게 되었지. 1907년에는 한일 신협약으로 보다 심한 일본의 간섭을 받게 되었고, 결국 1910년의 한일 병합 조약으로 대한 제국은 일본의 식민지가 되었어. 일본에게 나라를 빼앗기게 된 과정은 어땠는지, 또 우리 민족은 어떻게 저항했는지 살펴보자꾸나.

나라를 빼앗기다

을사늑약은 어떻게 맺어졌나? | 일본의 식민지가 되다 | 또 다른 저항의 불길, 애국 계몽 운동

을사늑약은 어떻게 맺어졌나?

을사늑약은 대한 제국의 외교권을 일본에 넘겨준 조약이야. 이 조약으로 나라가 완전히 망한 것은 아니지만, 망하기 직전까지 갔다고 할 수 있어.

을사늑약이 어떻게 맺어졌는지를 이해하려면 러시아와 일본 사이에 있었던 전쟁에 대해 먼저 알아야 돼. 러일 전쟁은 1904년 2월, 일본 함대가 요동반도에 있는 러시아의 뤼순 항을 기습 공격하면서 일어났어. 만주와 한반도 지배권을 차지하기 위한 전쟁이었지.

러일 전쟁이 일어나자 고종은 우리나라 땅이 전쟁터가 되는 것을 막기 위해 중립을 선언했어. 그러나 일본은 고종의 중립 선언을 무시하고 한양을 무력으로 점령하더니, 강제로 '한일 의

윌리엄 하워드 태프트 윌리엄 하워드 태프트는 루스벨트 대통령의 명령으로 일본의 가쓰라 다로와 몰래 가쓰라·태프트 협정을 맺었어. 이 조약으로 일본은 제멋대로 우리나라를 침략할 수 있었지. 태프트는 훗날 미국의 27대 대통령이 되었단다.

가쓰라 다로 1905년의 을사늑약과 1907년의 한일 신협약을 체결했던 일본의 정치가야. 세 번이나 일본의 수상을 지냈으며, 가쓰라·태프트 협정을 맺은 중심인물이기도 하단다.

정서'를 맺었어. 일본은 조선 영토 안에 있는 군사 기지를 마음대로 사용할 수 있다는 내용이었지.

또 그해 8월에는 '제1차 한일 협약'을 강제로 맺었어. 일본이 우리 정부에 고문을 파견해서 내정에 간섭할 수 있게 한 조약이야.

러일 전쟁이 한창이던 1905년 7월에는 일본이 미국과 '가쓰라·태프트 협정'을 맺었어. 일본 수상 가쓰라와 미국 육군 장관 태프트가 비밀리에 만나 맺은 조약이었지. 일본이 대한 제국을 지배하는 것과 미국이 필리핀을 지배하는 것을 서로 인정해 준다는 내용이었어.

또 영국과는 '제2차 영일 동맹'을 맺어, 일본이 대한 제국을 보호국으로 삼는다는 것을 인정받았어. 강대국들이 우리나라를 마음대로 가지고 논 거야. 이런 것이 약소국의 비애 아니겠니?

러일 전쟁은 일본의 승리로 끝났어. 그리고 미국의 중재로 일본과 러시아는 '포츠머스 조약'을 맺었지. 이 조약으로 일본은 러시아에게 한반도에 대한 독점적인 권리를 인정받았어.

이처럼 세계 여러 강대국에게 대한 제국의 지배권을 인정받은 일본은 이제 거리낄 것이 없었지. 1905년 11월 9일, 일본은

● 강탈당한 독도와 간도

독도는 삼국 시대부터 우리 땅이라고 여겼던 곳이야.《세종실록지리지》《신증동국여지승람》《동국대지도》같은 책이나 지도에 독도는 우리 땅이라는 사실이 잘 나타나 있어.
특히 숙종 때 어민 안용복이 울릉도에 불법 침입한 일본 어민을 쫓아내고, 일본으로 건너가 일본 정부로부터 울릉도와 독도가 조선 땅이라는 것을 확인받은 일은 잘 알려진 사실이야.
대한 제국 때는 '울릉도를 군으로 승격시키고 독도를 울릉도의 관할 구역으로 한다.'는 칙령 41조를 발표해서, 독도는 조선 영토임을 다시 한 번 분명히 밝혔어(1900년).
그러나 일본은 러일 전쟁 때 독도를 자기 나라 행정 구역인 시마네 현에 강제로 편입시켰어(1905년 1월). 그리고 지금까지 독도를 자기네 땅이라 주장하고 있지. 러일 전쟁 때 일본이 독도를 자기네 땅에 집어넣은 것은 분명한 침략 행위이고, 국제법상으로도 불법 행위야.

간도도 마찬가지야. 간도는 북한 땅과 가까워 독도보다는 관심이 덜해. 하지만 그곳은 고구려와 발해가 지배했던 땅이고, 우리 민족의 중요한 활동 무대였다는 것은 역사적으로 잘 알려진 사실이지.
또 숙종 때는 백두산정계비를 세워 간도가 조선의 영토임을 밝혔어(1712년). 17세기 이후 조선인이 산삼을 캐거나 사냥을 위해 간도로 들어가는 일이 많아지자, 청나라와 다툼이 일어

대한 제국을 허수아비 정부로 만드는 을사늑약을 맺기 위해 이토 히로부미를 파견했어.

그로부터 며칠이 지난 11월 17일이었어. 이토 히로부미는 '조선의 안녕과 보호를 위해'라는 명분을 내세우며, 고종을 협박해서 조약을 맺으려 했어. 그러나 고종은 조약에 서명하는 것을 거부했단다.

나 백두산정계비를 세운 거야. '정계비'는 '경계를 정하는 비석'이란 뜻이지.
그 후 19세기 후반에 이르러 간도로 옮겨 가는 조선인이 늘어나면서 다시 청나라와 영토 분쟁이 일어났어. 대한 제국 정부는 간도를 함경도에 편입하고, 간도 관리사 이범윤을 파견해서 간도가 우리 영토임을 분명히 했지(1903년).
그러나 을사늑약으로 대한 제국의 외교권을 빼앗은 일본은 청나라와 '간도 협약'을 맺고, 간도를 청나라에 넘겨줘 버렸어(1909년). 그 대가로 청나라로부터 남만주에 철도를 놓을 수 있는 권리와 푸순 탄광 채굴권을 얻어 냈지.
이처럼 일본이 자기 나라의 이득을 챙기기 위해 조선 땅인 간도를 청나라에 멋대로 넘겨주는 바람에, 간도는 지금까지 중국 영토에 속해 있단다.

백두산정계비 탑본 조선은 백두산에 정계비를 세움으로써 청나라와 조선 땅 사이의 경계를 명확히 그었어. 그러나 지금은 탑본으로만 확인할 수 있단다. 왜냐하면 일본이 만주로 쳐들어갔던 1931년에 백두산정계비를 없애 버렸기 때문이야.

이토는 군대와 경찰을 한양과 궁궐 안팎 곳곳에 배치해 공포 분위기를 만든 후 대신들을 불러들였어. 그리고 대신들에게 조약에 찬성하라고 요구했지.

참정대신 한규설이 반대하자, 이토는 한규설을 끌어내 다른 방에 가두게 했어. 외부대신 박제순, 내부대신 이지용, 학부대신 이완용, 군부대신 이근택이 먼저 찬성을 했고, 농상공부 대신 권중현은 처음에는 반대하다 나중에 찬성했어. 이들을 '을사오적'이라고 해. 한규설과 탁지부 대신 민영기 그리고 법부대신 이하영은 끝까지 반대했지.

이토 히로부미는 외부대신 박제순의 직인을 빼앗아 조약 문서에 찍었어. 고종이 반대해서 도장을 찍지 않자, 대신 중 가장 윗자리인 외부대신의 직인을 찍은 거야.

이토 히로부미 을사늑약을 강제로 체결하게 만든 일본의 정치가야. 우리나라의 국권을 강탈하려고 준비하던 1909년, 하얼빈에서 안중근 의사가 쏜 총에 맞아 사망했어.

이완용 1910년, 한일 병합 조약을 체결하는 데 우리나라 대표로 앞장섰던 매국노야. 그 후 일본 정부로부터 백작이라는 지위를 받고 조선 총독부에서 일한 친일파란다.

1905년의 의병 봉기
- 봉기가 일어난 곳
- ☐ 대표 의병장

신돌석
최익현
임병찬

모든 일이 끝난 것은 다음 날 오후 2시쯤, 황제가 도장도 찍지 않은 엉터리 조약은 이렇게 강제로 맺어졌어. 그래서 이 조약을 '을사늑약'이라고 해. '늑약'은 '억지로 맺은 조약'이라는 뜻이야.

일본은 을사늑약으로 대한 제국의 외교권을 빼앗고, 통감부를 설치해서 나라 안의 일에도 직접 관여하기 시작했어. 일본이 대한 제국의 내정과 외교권을 모두 장악한 거였어. 초대 통감으로는 이토 히로부미가 임명됐지.

을사늑약이 체결되었다는 소식이 알려지자 전국 곳곳에서 의병이 일어났어. 전라도의 최익현, 경상도의 신돌석, 충청도의 민종식, 강원도의 유인석 등이 대표적인 의병장이야. 그중 평민 출신 의병장인 신돌석은 신출귀몰한 게릴라전으로 일본인들을 두려움에 떨게 했지.

을미사변과 단발령 실시로 일어났던 의병은 보수적인 유생이 중심이었어. 을사늑약을 맺은 후에 일어난 의병은 농민 등 평민 출신 의병장이 본격적으로 등장했다는 데 큰 의미가 있어.

한편 고종도 을사늑약의 무효를 선언하고, 조약이 정당한 방법으로 체결되지 않았다는 것을 미국 등의 열강에 호소했어. 하지만 어느 나라도 관심을 가져 주지 않았어. 그들은 이미 일본의 한반도 지배를 인정해 준 터였으니까.

고종은 다시 1907년 6월에 네덜란드의 헤이그에서 열리는 만국 평화 회의에 일본 몰래 이상설, 이준, 이위종을 특사로 보냈어. 을사늑약이 부당하게 체결되었다는 것을 알리려고 한 거야. 그러나 일본의 방해와 열강의 비협조로 헤이그 특사는 회의장에 들어갈 수조차 없었지.

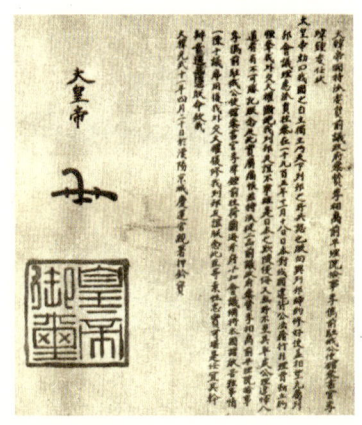

헤이그 특사 위임장
1907년 4월 20일, 고종은 헤이그로 떠나는 이상설, 이준, 이위종 세 명의 특사에게 위임장을 내렸어. '대한 제국'으로 시작하는 이 위임장의 끝에는 고종이 친필로 '일심결'이라고 서명하고 옥새를 찍었단다.

일본의 식민지가 되다

일본은 고종이 몰래 헤이그 특사를 파견한 것을 문제 삼아 강제로 황제 자리에서 물러나게 하고, 순종을 그 자리에 앉혔어. 그리고 1907년 7월 24일, 이완용과 이토 히로부미 명의로 '한일 신협약(정미칠조약)'을 맺었어. 대한 제국을 일본의 식민지로 만들기 위한 마지막

순종 순종은 우리나라의 마지막 황제였어. 일본이 고종을 황제 자리에서 강제로 끌어내리자 그 뒤를 이었지. 순종은 1907년에 왕위에 올랐지만, 1910년에 일본에게 나라를 빼앗기고 말았단다.

숨통 조이기에 들어간 거였지.

한일 신협약은 법령 제정권·관리 임명권·행정권 등 국가의 중요 업무에 통감의 승인을 받게 했어. 내정에 간섭할 수 있는 통감의 권한을 크게 강화한 조약이지.

일본의 숨통 조이기는 그것으로 끝나지 않았어. 조약을 확실하게 뒷받침하여 행정 실권을 장악하기 위해 조선인 대신 밑에 일본인 차관을 임명하고, 경찰권을 위임하도록 했어. 그리고 경비를 절약한다는 구실로 군대까지 해산했어(1907년 8월 1일).

고종이 강제로 왕의 자리에서 물러나고 군대까지 해산하게 되자 다시 의병이 일어났어.

군대가 해산된 날, 시위대(국왕의 호위 부대) 대대장 박승환이 자결하였지. 이에 격분한 시위대는 일본군과 시가전을 벌였어. 그 후 한양과 지방에서 해산된 군인들이 의병에 참여하면서 의병의 전투력은 크게 강화됐단다.

1907년 의병의 모습
고종 황제가 강제로 퇴위되고 군대까지 강제로 해산되자, 전국 방방곡곡에서 의병이 들고일어났단다. 이들은 정식 군사 교육도 받지 못했고 제대로 된 군복마저 차려입지 못했지만, 나라를 지키겠다는 마음만큼은 일제의 총칼보다 강했어.

1907년의 의병 봉기
- 봉기가 일어난 곳
- 대표 의병장

그 밖에도 전국에서 다양한 계층의 사람들이 의병에 참여했어. 이렇게 전국에서 모인 의병장과 의병 1만여 명이 연합해서 13도 창의군을 결성하고, 이인영을 총대장으로 선출했지.

창의군은 통감부를 무너뜨리고 국권을 회복하기 위해 한양을 향해 진공 작전을 펼쳤어. 그러나 동대문 밖 30리까지 진격했던 창의군은 일본군과의 전투에서 패배하고 말았단다. 그 후 의병들은 각자 근거지로 돌아가 의병 활동을 계속했지.

의병 활동이 가장 활발했던 곳은 호남 지방이었어. 호남 지방에서는 몰락한 양반과 평민 출신 의병장을 중심으로 한 항일 투쟁이 계속해서 일어났지. 일본은 대규모 군사를 동원해 토벌 작전을 벌였고, 그래서 많은 희생자가 생겼단다.

의병 활동은 지역과 신분을 초월하여, 전 국민이 국권을 되찾고 자유를 지키기 위해 함께했다는 점에서 의미가 깊어.

의병 활동만 있었던 것은 아냐. 을사늑약 체결 후, 나라 안팎에서 수많은 사람이 여러 방법으로 일본 제국주의의 침략에 치열하게 저항했어. 많은 관리와 유생이 을사늑약 파기를 주장하는 상소를 올렸고, 학생들은 동맹 휴학으로 또 상인들은 상점 문을 열지 않는 것으로 저항의 뜻을 나타냈지.

제국주의는 강한 군사력과 경제력으로 다른 나라나 민족을 정벌하여 식민 지배하는 침략주의 경향을 말해. 흔히 '일본 제국주의'를 줄여서 '일제'라고 하지.

고종을 호위하던 민영환을 비롯해 조병세, 이상철, 홍만식 등의 관리들은 스스로 목숨을 끊는 것으로 일제에 저항했어.

장지연은 《황성신문》에 〈시일야방성대곡〉이라는 글을 실어 을사늑약의 잘못을 알리고 일본을 규탄했지. 〈시일야방성대곡〉은 '오늘 목 놓아 통곡한다.'는 뜻이야.

시일야방성대곡
장지연이 《황성신문》에 실은 〈시일야방성대곡〉이야. 이토 히로부미와 을사오적을 비난하고, 고종 황제가 거부한 을사늑약은 무효라는 내용이었지. 하지만 장지연은 〈시일야방성대곡〉을 발표한 그날 체포되어 이듬해에 풀려났단다.

아아, 분하도다! 우리 2천만, 타 국민의 노예가 된 동포여! 살았는가, 죽었는가! 단군, 기자 이래 4천 년 국민정신이 하룻밤 사이에 멸망하고 말 것인가! 원통하고, 원통하다! 동포여, 동포여!

매국노와 일본 제국주의 침략자들을 응징하는 의거도 이어졌어. 나철, 오기호 등은 '자신회'라는 을사오적 암살단을 만들어 매국노들을 처단하려 했지. 장인환과 전명운은 친일 활동을 해 오던 미국인 스티븐슨을 샌프란시스코에서 총으로 쏘아 살해했어. 또 이재명은 이완용을 칼로 찔러 중상을 입혔단다.

그중에서도 전 세계를 가장 놀라게 했던 사건은 강제로 을사늑약을 맺는 데 앞장섰던 이토 히로부미를 안중근이 총으로 쏘아 죽인 일이었어. 조선 침략의 원흉이 마침내 안중근의 손에 처단된 거였지.

"나는 개인의 사사로움이 아니라 대한의군 참모 중장의 자격으로, 대한 독립 주권을 침탈한 원흉이자 동양 평화의 교란자인 이토를 총살하였다. 나는 살인자가 아니다. 전쟁 포로로 대우해 달라."

안중근이 재판을 받으며 법정에서 한 말이야. '대한의군 참모 중장'은 안중근이 의병 활동을 할 때의 계급이 '참모 중장'이었기 때문에 한 이야기였어.

지금까지 이야기한 것처럼 을사늑약 체결 후, 우리 민족은 온갖 방법으로 일제의 침략 야욕에 맞서 싸웠단다. 하지만 일본은 조선을 식민지로 만들겠다는 생각을 버리지 않았어.

1910년 8월 16일, 일본에서 파견한 3대 통감 데라우치 마사타케는 총리대신 이완용과 농상공부 대신 조중응을 통감 관저로 불러, 일본에서 만들어 온 '병합 조약' 초안을 보여 주었어. 그러면서 18일로 예정된 이완용 내각의 내각 회의에서 합의를 보라고 시켰지.

그리고 시간이 더 흐른 8월 22일이었어. 한양 거리에 군인과 경찰이 총총히 배치된 위협적인 분위기 속에서 순종이 참석한 어전 회의가 열렸어. 이 자리에서 이완용 내각은 병합 조약을

안중근
중국 하얼빈에서 이토 히로부미를 총으로 쏘아 죽였던 안중근 의사란다. 이토 히로부미는 불법·무효의 을사늑약을 강제로 맺고, 초대 조선 통감을 지냈던 사람이었지.

그날의 만주 하얼빈 역

을사늑약을 맺은 지 4년이 흐른 1909년 10월 26일의 만주 하얼빈 역, 아침 9시쯤. 기차가 천천히 들어왔어. 역에는 러시아 군인이 늘어서 있었고, 환영 나온 일본인도 모여 있었지.

기차에는 이토 히로부미가 타고 있었어. 그때 이토 히로부미는 조선 통감 자리에서 물러나 추밀원(일왕의 자문 기관) 의장을 맡고 있었지. 이토는 만주 시찰과 러시아 재무 장관 코코프체프와 회담을 갖기 위해 하얼빈에 온 거야. 그때는 하얼빈이 러시아 영토였거든.

이토가 탄 특별 열차가 멈추자 코코프체프가 열차 안으로 들어갔어. 그리고 이토와 코코프체프는 30분가량 회담을 가졌지.

9시 30분쯤, 이토는 코코프체프의 안내를 받으며 열차에서 내렸어. 그리고 러시아 의장대의 사열을 받은 후 환영 나온 일본인들과 인사를 나누기 시작했지. 그때 요란한 총성이 울렸어.

탕! 탕! 탕!

러시아 의장대 뒤쪽에서 한 젊은이가 뛰어나오며 이토 히로부미를 향해 권총 세 발을 발사한 거야. 바로 안중근이었어. 세 발은 모두 명중됐고 이토는 그 자리에 쓰러졌어.

이어서 총소리가 세 번 더 났어. 안중근이 세 발을 더 발사한 거야. 일본인들을 더 처단하기 위해 쏜 것은 아니고, 혹 처음으로 총에 맞은 사람이 이토 히로부미가 아닐지도 모른다는 생각에 차림새가 그럴듯한 일본인에게 세 발을 더 쏜 것이지.

이토 히로부미는 급히 열차 안으로 옮겨졌지만 30분쯤 뒤 숨지고, 나중에 쏜 총에 맞은 이토의 수행원과 하얼빈 총영사, 만주 철도 이사는 중경상만 입고 죽지는 않았어.

러시아 군인들이 안중근을 붙잡으러 달려들었어.

"코레아 우라! 코레아 우라! 코레아 우라!"

안중근은 양손을 들어 올리며 힘차게 세 번 외쳤어. '우라'는 러시아 말로 '만세'라는 뜻이야. 안중근은 1910년 2월 14일 일본 법정에서 사형 선고를 받았고, 3월 26일에 형이 집행되어 순국했단다.

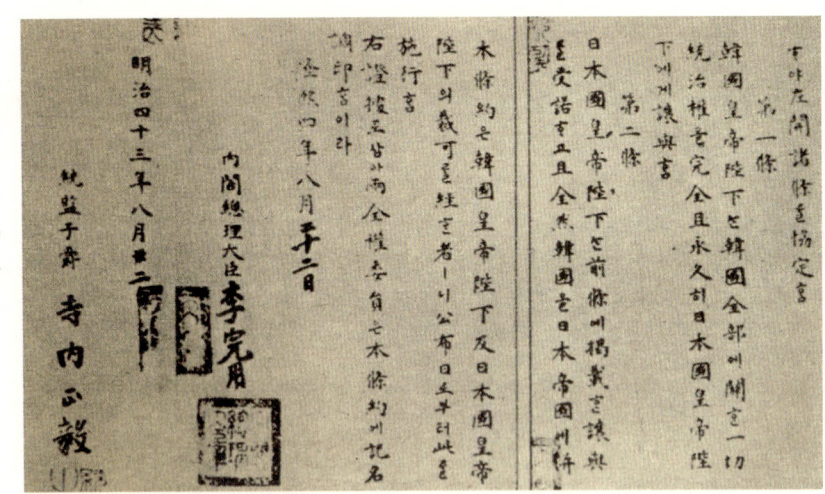

한일 병합 조약 조인서 원본
우리나라가 일본의 식민 지배를 받게 되었던 '한일 병합 조약'의 문서야. 이로써 일제 강점기가 시작되었지. 그러나 이 문서는 순종 황제가 옥새를 찍지 않아 불법일뿐더러 조약 자체가 무효였어.

결의했고, 이완용과 데라우치는 각각 조약서에 도장을 찍었어. 이 병합 조약 역시 을사늑약과 마찬가지로 황제가 도장을 찍지 않은 불법 조약이었지.

일본은 조선인의 저항을 염려해 조약 체결을 숨기고 있었어. 그러다가 일주일 후인 8월 29일에 집회를 금지하고 원로대신들을 연금한 뒤 '대한 제국과 일본이 합병한다.'는 병합 조약을 발표했어. 이렇게 해서 대한 제국은 일본의 식민지가 되었단다.

또 다른 저항의 불길, 애국 계몽 운동

우리 민족은 강제로 병합 조약이 맺어지지 전까지 의병 활동과 매국노 처단 등 무력으로만 일제에 맞섰던 건 아니었단다. 다른 여러 분야에서도 나라의 독립을 지키기 위한 노력이 꺼지지 않는 불꽃처럼 전개되었어. 이 노력을 한마디로 표현한다면

'애국 계몽 운동'이라고 할 수 있어. 이번에는 애국 계몽 운동에 대해서 알아보도록 하자꾸나.

1905년에 을사늑약이 체결되고 일제가 침략의 야욕을 거침없이 드러내자, 우리 민족은 많은 단체를 만들어 계몽 운동을 펼쳤단다. 이들은 나라를 되찾기 위해서는 민족의 힘을 길러야 된다고 생각해서 교육과 산업 발전에 힘썼어. 또 언론의 역할이 매우 중요하다는 것을 깨닫고 《대한매일신보》등의 신문을 발행해서 국민을 계몽하고자 노력했지.

독립 협회 출신과 개화파가 모여 '헌정 연구회'도 만들었어(1905년). 헌정 연구회는 의회를 설립해서 입헌 정치 체제의 국가를 만들자고 주장했지. 그 후 일제의 탄압을 피해 '대한 자강회'로 이름을 바꾸고, 국민 계몽과 국권 회복 그리고 고종의 강제 퇴위 반대 등의 운동을 펼치다 일제에 의해 강제 해산되었단다.

일제의 탄압으로 공개적인 활동이 점점 어려워지자, 애국지사들은 비밀 결사를 만들어 일제에 맞섰어. 그 가운데 대표적인 단체로는 안창호, 양기탁, 신채호 등이 참여한 '신민회'를 꼽을 수 있어.

신민회는 대성 학교와 오산 학교를 세워 민족 교육에 힘쓰고, 도자기 회사와 태극 서관을 운영해서 민족 산업을 육성하기 위해 노력했

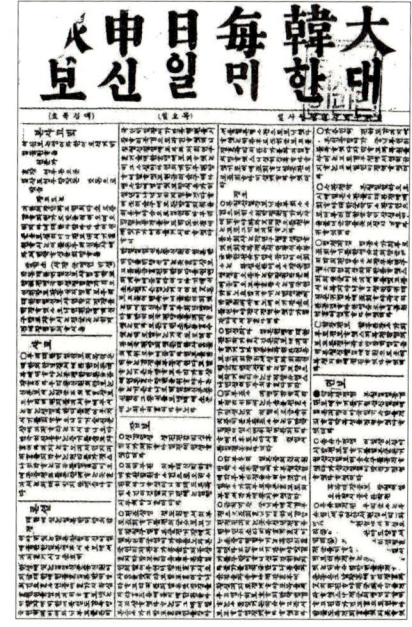

대한매일신보
1904년 7월 18일에 처음 발간된 《대한매일신보》의 창간호야. 조선인 양기탁과 영국인 베델이 우리말과 영어로 발행하였지. 그러나 일제 강점기에 일본의 손아귀로 넘어가 버렸어.

지. 이들의 목표는 국권을 회복한 다음, 대한 제국과 같은 왕정이 아닌 공화정 체제의 근대 국가를 만드는 것이었어.

또 신민회는 독립 투쟁의 발판을 마련하기 위해 남만주의 삼원보에 독립운동 기지를 건설했어. 이 같은 신민회의 활동은 계몽 운동과 의병 운동이 서로 연대하는 중요한 계기가 되었지.

그러나 신민회는 '105인 사건'으로 1911년 해체되고 말았어.

안창호
신민회를 만들었던 사람 가운데 한 명인 도산 안창호야. 안창호는 신민회뿐 아니라 대한 청년들을 위한 '청년 학우회'와 신민회의 뒤를 잇는 '흥사단'을 만들었어.

나라 빚을 갚기 위한 운동도 활발하게 전개됐어. 재정적으로 어려움을 겪었던 대한 제국이 일본으로부터 많은 돈을 빌려 썼기 때문이야. 그 돈이 얼마였는지 아니? 대한 제국의 1년 예산과 맞먹는 1천3백만 원이었어.

이렇게 많은 빚을 진 상태에서 어떻게 일본에게 할 말을 제대로 할 수 있었겠니? 그래서 상공인과 지식인 들이 '국민 성금을 모아 일본에 진 빚을 갚고 나라를 지키자.'는 운동을 펼쳤어(1907년). 이 운동을 '국채 보상 운동'이라고 해.

《대한매일신보》등 언론 기관과 계몽 단체 들이 이 운동에 적극적으로 참여했고, 많은 국민에게 뜨거운 호응을 받았단다. 부녀자들은 비녀와 가락지를 성금으로 내놓고, 금연해서 모은 돈을 성금으로 내기도 했어.

국채 보상 운동이 온 국민의 지지를 받으며 전국적으로 번져 나가자, 일제는 이 운동에 앞장서고 있는 《대한매일신보》의 발행인인 영국인 어니스트 베델을 추방하려고 공작을 꾸몄어. 또 이듬해에는 양기탁에게 횡령죄를 뒤집어씌워 구속했단다.

결국 국채 보상 운동은 일제의 조직적인 방해와 탄압으로 중단되고 말았어. 그러나 국민 스스로 나서 나라의 빚을 갚고 경제적으로 자립해 나라를 지키려 했던 이 운동은 총칼로 일제와 맞서 싸운 항일 투쟁 못지않게 뜻깊은 일이었단다.

○ 105인 사건

조선이 일본의 식민지가 된 후인 1911년, 조선 총독부가 데라우치 총독의 암살 미수 사건을 조작해서 혹독한 고문으로 105인의 독립운동가를 탄압한 사건이야. 이 사건으로 105인의 애국지사가 구속됐고 신민회는 해체됐어. 구속된 105인 가운데에는 신민회 회원이 무척 많았기 때문이지.

재판 결과 1심에서 105인은 모두 유죄를 선고받았지만, 2심에서는 윤치호·양기탁·안태국·이승훈·임치정·옥관빈 여섯 명만 징역 5~6년 형을 선고받고 나머지 99명은 무죄로 석방됐어. 물론 주모자로 몰린 여섯 명도 총독부가 사건을 조작해서 억울하게 옥살이를 한 거였지.

105인 사건 일제가 신민회를 강제로 없애고자 조작하였던 '105인 사건' 당시의 사진이야. 신민회 회원들을 포승줄로 꽁꽁 묶은 것으로도 모자라, 얼굴을 알아보지 못하도록 모두 가렸어.

8

무단 통치와 3·1 만세 운동

한일 병합 조약을 체결한 이후 일제는 우리나라에 조선 총독부를 설치하고 헌병 경찰 제도를 실시하는 무단 통치를 시행했어. 그럼에도 불구하고 많은 애국지사가 비밀 결사를 조직하고, 외국에 독립운동 기지를 건설하면서 항일 독립 투쟁을 계속했지. 그리고 1919년 3월 1일이 되었어. 마침내 3·1 운동이 일어났던 거야. 조선 8도를 넘어 만주, 연해주, 미국까지 퍼져 나간 3·1 운동은 우리 민족의 독립 의지를 전 세계에 알린 실로 엄청난 민족 운동이었단다.

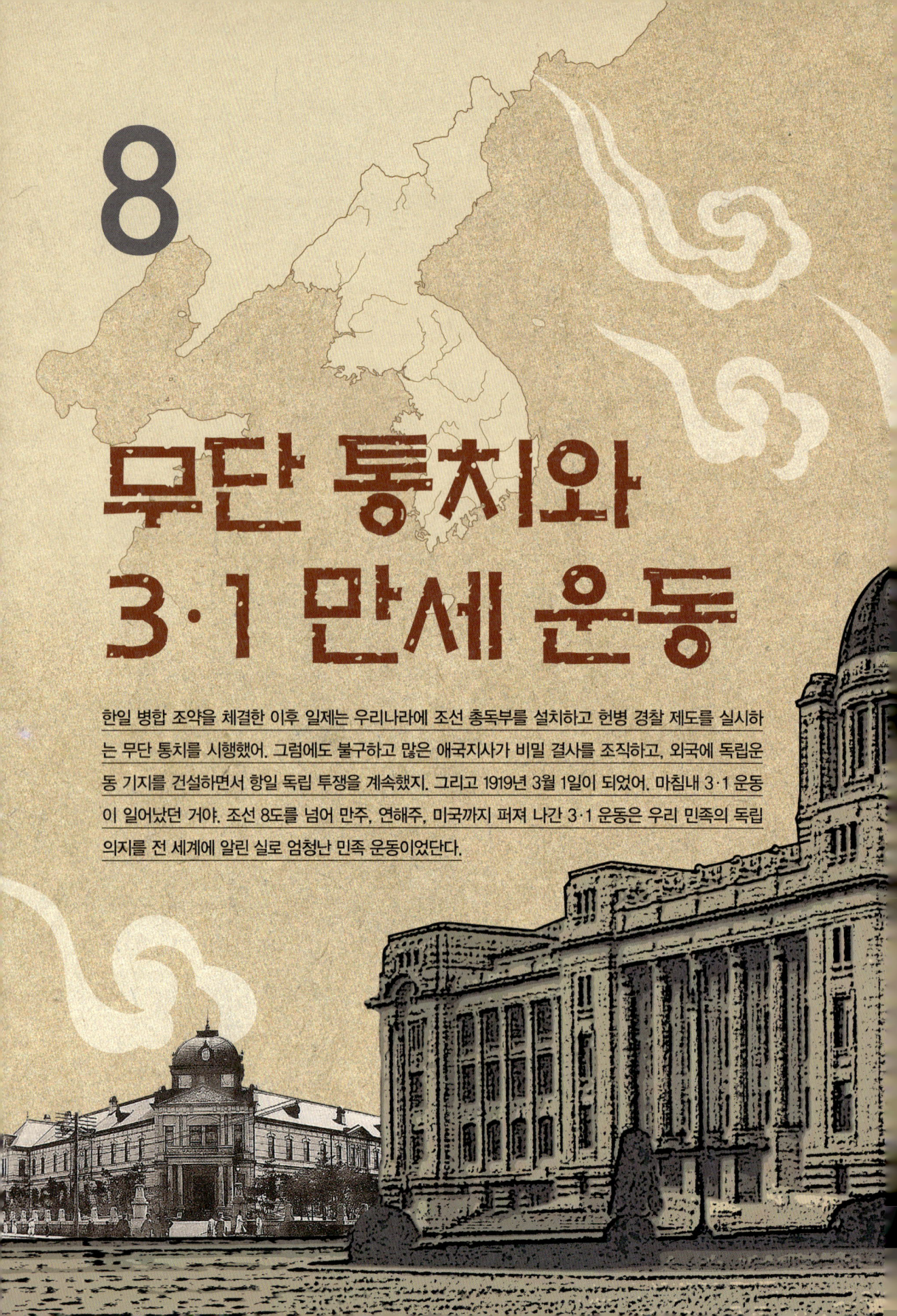

무단 통치와 3·1 만세 운동

8

조선 총독부의 무단 통치 | 마지막 한 사람까지, 마지막 한순간까지 | 만세의 메아리 속에서 임시 정부가 탄생하다

조선 총독부의 무단 통치

1910년 불법적인 병합 조약으로 조선을 강제 점령한 일제는 '조선 총독부'를 설치했어. 조선 총독부는 식민지 통치 최고 기구를 말해. 또 총독은 일본에서 온 현역 군인 대장을 임명했어. 조선인들의 저항을 강력하게 진압하기 위해서였지.

조선 총독부 청사
일제가 경복궁 정문 앞에 세운 조선 총독부의 청사야. 조선의 정궁인 경복궁을 가로막고 세움으로써 우리나라를 더더욱 모욕하였지. 조선 총독부 청사는 해방 후에도 계속 그 자리를 차지하고 있다가, 1996년에 완전히 부쉈어.

총독은 군 통수권과 행정·입법·사법권을 모두 거머쥐고 절대 권력을 휘둘렀어. 총독의 자문 기구로 중추원을 설치했지만, 모두 친일 매국노로 구성되어서 조선 사람들의 의사를 대변하지 못했지.

조선 총독부는 헌병 경찰 제도도 실시했어. 헌병대가 경찰 업무까지 담당하는 제도였지. 헌병과 경찰은 즉결 처분권을 가져서, 재판 없이 조선 사람을 처벌하거나 매질할 수 있었어.

이와 같은 강압적 통치를 '무단 통치'라고 해. 조선인은 무단 통치로 모든 자유와 권리를 철저하게 억압받았어. 언론·출판·집회·결사의 자유가 봉쇄되고, 계몽 단체도 모두 해산됐지.

학교에서는 군복을 입고 칼을 찬 선생님이 교실에 들어와 가르쳤고, 학생들은 일본어와 일본 역사를 우리말과 우리 역사처럼 배워야 했어. 또 조선인은 고등 교육을 받을 수준이 안 된다며 보통학교(초등학교)는 4학년까지만 가르치고, 고등 보통학교(중학교)는 대부분 실업 교육만 했지.
고등 교육 기관

경성 보통학교
일제 강점기에 세운 경성 보통학교야. '경성'은 오늘날의 서울, 곧 조선의 도읍이었던 한양을 일제가 바꾼 이름이고, '보통학교'는 오늘날의 초등학교를 말한단다.

(대학교)은 아주 없앴단다. 조선 왕조 5백 년 동안 많은 인재를 길러 냈던 성균관마저 나중에는 완전히 없애 버렸어.

토지 조사 사업을 벌여 경제 분야에서도 본격적인 수탈 행위를 시작했어. 토지 소유자는 자신이 가지고 있는 토지를 신고해야 그 소유권을 인정받을 수 있게 됐지. 그러나 신고 기간이 짧았던 데다 복잡한 서류를 갖춰야 했기 때문에 이런 일에 익숙하지 않은 조선인은 미처 신고하지 못한 경우가 많았어.

조선 총독부는 이런 방법으로 토지를 강제로 빼앗아 갔어. 그리고 '동양 척식 주식회사'에 넘겨 관리하게 했지. 동양 척식 주식회사는 일본인에게 토지를 헐값에 팔거나 빌려주어, 많은 일본인이 조선으로 건너와 지주 노릇을 했어.

토지를 잃은 농민은 소작농으로 전락해서 많은 소작료를 내

동양 척식 주식회사
일제는 동양 척식 주식회사를 만들고 본격적으로 우리나라 경제를 착취했어. 서울, 대전, 목포, 부산 등지에 지사를 세웠지. 사진 속의 건물은 동양 척식 주식회사의 경성 지사로, 지금은 철거되어 남아 있지 않아.

고 농사를 지어야 했어. 그래서 살기 어려워진 농민들은 화전민이 되거나, 새로운 터전을 찾아 만주나 연해주 지방으로 떠나기도 했단다.

조선 총독부는 또 회사령·광업령·어업령 등의 법령을 만들어 산업 활동을 허가제로 바꾸었어. 조선 사람들이 마음대로 사업을 할 수 없도록 억압하기 위해서였지. 그리고 철도, 항만, 도로 등의 건설을 서둘렀어. 조선에서 빼앗은 식량과 자원을 쉽게 일본으로 가져가고, 일본의 상품을 조선에 많이 판매하기 위해서 말이야.

마지막 한 사람까지, 마지막 한순간까지

일제의 간악한 무단 통치에도 항일 독립 투쟁의 불꽃은 사그라지지 않았어. 많은 애국지사가 비밀 결사를 조직해서 항일 투쟁을 이어 가거나, 외국으로 나가서 독립운동 기지를 건설하고 독립 전쟁을 준비했지.

나라 안에서 활동했던 대표적인 비밀 결사는 '대한 독립 의군부'와 '대한 광복회'였어.

대한 독립 의군부는 유생 출신 의병장 임병찬이 고종의 밀명을 받고 조직한 독립운동 단체야. 전국적인 의병 봉기를 준비했지만 일제에 발각돼 해체되고 말았어.

대한 광복회는 강제 병합 이후 국내에서 가장 활발한 활동을

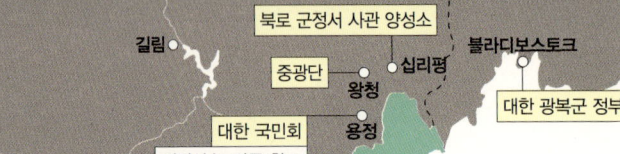

독립운동 기지와 민족 학교의 설립
- 독립운동 기지
- 민족 학교

펼쳤던 항일 단체야. 이들은 독립군을 길러 일제를 몰아내고자 군자금을 모으기 위한 활동을 펼쳤어. 그러나 박상진 등 단체를 이끌던 인물들이 체포되면서 해체됐지.

한편 나라 밖으로 망명한 애국지사들은 동포가 많이 사는 만주와 연해주를 중심으로 한인촌을 건설하고 민족 학교를 세우는 한편, 독립군을 양성해서 독립 전쟁을 준비했어.

북간도에는 서전서숙·명동 학교 등의 민족 학교를 설립하고, 남만주의 삼원보에는 신흥 학교를 설비해서 독립군 사관(장교) 양성에 힘썼지. 또 연해주의 블라디보스토크 인근에 건설한 신한촌에는 대한 광복군 정부를 만들어 독립 전쟁을 준비했단다.

미국에서도 '대한인 국민회'를 만들어 동포 사회의 권익 보호를 위해 힘쓰고, 만주의 독립군을 지원했어.

그런 가운데 독일이 연합군에게 무조건 항복하면서 제1차 세계 대전이 끝났어(1918년 11월 11일). 몇 달 뒤 파리에서 여러 나라의 대표가 모여 전쟁의 뒤처리를 위한 '파리 강화 회의'를 시작했지(1919년 1월).

한편 미국의 우드로 윌슨 대통령은 1918년에 14개조 평화 원칙을 제안하였어. 거기에는 '민족 자결주의'가 들어 있었어. '민족 문제는 민족 스스로 결정해야 한다.'는 것이 민족 자결주의야. '힘없고 가난한 민족이라 할지라도, 스스로의 힘으로 나라를 세워 독립해야 한다.'는 것이 중심 내용이었지. 바로 이 민족 자결주의가 파리 강화 회의에서 채택됐던 거야.

윌슨의 민족 자결주의에 힘입어, 독일의 침략으로 식민지가 되어 있던 여러 나라가 독립을 선언했어. 우리 민족도 윌슨의 민족 자결주의에 크게 고무됐지. 그래서 우리도 이 기회를 놓치지 말고 독립을 선언하여 일본의 식민지 지배에서 벗어나야 한다는 열망이 나라 안팎에서 크게 꿈틀거렸단다.

1918년 11월(음력)에는 중국의 동북 삼성(흑룡강성, 길림성, 요령성)에서 독립운동가 서른아홉 명이 〈독립 선언서〉를 발표했고, 1919년 2월 8일에는 도쿄 유학생 4백여 명이 조선 기독교 청년 회관에 모여 조선 독립을 선언했어. 또 미국에서도 대한인 국민회가 중심이 되어 윌슨 대통령에게 〈독립 청원서〉를 제출했지.

이와 같은 상황에 자극받아 나라 안에서도 천도교·기독교·불교 등 종교계가 중심이 되어 은밀하게 독립 선언을 준비했어. 평화적인 만세 운동으로 우리 민족의 독립에 대한 열망과 의지를 전 세계에 알리기로 한 거야.

최남선이 〈독립 선언서〉를 쓰고, 그

우드로 윌슨
1913년부터 1921년까지 미국의 대통령이었던 우드로 윌슨이야. 윌슨 대통령은 1918년에 '민족 자결주의'를 주장하였고, 이듬해인 1919년에는 노벨 평화상을 수상했단다.

끝에 한용운이 공약 3장을 덧붙였어.

공약 3장

하나, 오늘 우리의 이 거사는 정의·인도·생존·번영을 위하는 겨레의 요구이니, 오직 자유의 정신을 발휘할 것이오. 결코 배타적 감정으로 치닫지 마라.

하나, 마지막 한 사람에 이르기까지, 마지막 한순간에 다다를 때까지 민족의 정당한 의사를 시원스럽게 발표하라.

하나, 모든 행동은 질서를 가장 존중하여, 우리의 주장과 태도를 어디까지나 떳떳하고 정당하게 하라.

〈독립 선언서〉를 발표하기로 한 날은 3월 1일, 함께하기로 한 사람은 모두 서른세 명이었어. 천도교는 손병희와 최린을 비롯한 열다섯 명, 기독교는 이승훈과 이갑성 등 열여섯 명 그리고 불교계는 한용운과 백용성 두 명이었지.

선언문 선포 날짜를 3월 1일로 한 것은 고종 황제의 국장일인 3월 3일에 많은 사람이 모여드는 기회를 이용하기 위해서였어. 또 독립 선언에 참여한 천도교·기독교·불교 세 종교 단체가 뭉쳐서 하나가 된다는 삼위일체의 의미도 있었지.

독립 선언을 위한 분위기는 한껏 무르익었어. 국장일인 3월 3일을 앞두고 며칠 전부터 전국 방방곡곡에서 많은 사람이 한양으로 모여들었지. 일본인이 고종 황제를 독살했다는 소문이 나돌면서 민심은 분노로 들끓었단다.

처음에는 독립 선언식 장소를 종로의 탑골 공원으로 결정했다가, 후에 그 부근의 태화관이라는 음식점으로 변경했어. 사람이 많이 모인 곳에서 독립 선언식을 하면 군중 심리로 폭동이

고종 황제 국장
1919년 1월 21일, 고종 황제가 숨을 거뒀어. 수많은 사람이 황제의 죽음을 슬퍼했단다. 게다가 '일본이 고종 황제를 독살했다.'라는 소문까지 퍼져 사람들은 더욱 분노했어. 그리고 이 분노는 3·1 운동으로 이어졌어.

서울 탑골 공원
1919년 3월 1일 이른 아침에 독립 선언식을 하기로 했던 탑골 공원의 모습이야. 비록 민족 대표들은 다른 장소에서 〈독립 선언서〉를 낭독했지만, 탑골 공원에 모였던 학생들은 이곳에서 "대한 독립 만세!"를 외쳤단다.

일어나, 일본 경찰의 탄압으로 많은 희생자가 나올까 염려해서였어.

마침내 3월 1일 아침이 밝았어. 거리에서는 사람들이 아침 일찍부터 〈독립 선언서〉를 뿌렸고, 많은 학생이 탑골 공원으로 모여들었지. 학생들은 탑골 공원에서 독립 선언식을 하는 것으로 알고 있었거든.

한편 태화관에는 〈독립 선언서〉에 서명한 민족 대표 서른세 명 가운데 스물아홉 명이 모였어. 나머지 네 명은 지방에 있어서 올라오지 못했던 거야.

그때 학생 대표들이 태화관으로 달려왔어. 탑골 공원에 많은 학생이 모여 있으니, 빨리 나와서 독립 선언식을 진행해 달라는 거였지.

민족 대표들은 학생들에게 선언식 장소를 바꾼 까닭을 설명했어. 그리고 태화관에서 대한 독립을 선언하고 만세를 부르면, 탑골 공원에서도 거기에 맞춰 함께 만세를 부르기로 하고 학생들은 돌아갔어.

오후 2시, 민족 대표들이 태화관에서 〈독립 선언서〉를 낭독했어. 그리고 한용운은 짧지만 힘찬 연설을 했지.

대한 독립을 세계만방에 선포합니다. 우리는 반드시 민족의 독립을 쟁취할 것입니다. 마지막 한 사람까지, 마지막 한순간에 이를 때까지 싸웁시다. 국제 정세도 바야흐로 우리의 독립을 위한 분위기가 무르익고 있습니다. 우리가 이 땅의 주인이고, 이 땅은 우리가 영원토록 지켜 나가야 할 조국임을 만천하에 알립시다. 이제 우리는 민족을 대표해서 한자리에 모여 독립을 선언했습니다. 기쁘기 그지없습니다. 이제 죽어도 한이 없습니다. 우리 다 함께 대한 독립 만세를 부릅시다.

연설을 끝낸 한용운이 먼저 만세를 불렀고, 다른 사람들도 뒤따라 힘차게 만세를 세 번 불렀어.

"대한 독립 만세!"

"대한 독립 만세!"

"대한 독립 만세!"

만세의 메아리 속에서 임시 정부가 탄생하다

민족 대표들이 태화관에서 만세를 부른 그 시각, 탑골 공원에서도 "대한 독립 만세!"의 함성이 크게 메아리쳤어. 학생 대표가 〈독립 선언서〉를 낭독하고 만세를 부른 거야.

사람들은 품에 숨겨 놓았던 태극기를 꺼내 들고 거리로 뛰쳐나가 만세를 계속 불렀어. 만세의 함성은 들불처럼 번져, 거리에 있던 사람들도 목이 터져라 "대한 독립 만세!"를 함께 외쳤지.

곧 일본 경찰이 달려왔어. 그들은 곤봉과 총칼을 휘두르며 만세 운동을 막아섰어. 여기저기서 많은 사람이 피를 흘리며 쓰러졌지. 그러나 만세 행렬은 점점 더 늘어났어. 사람들은 피를 흘리며 쓰러졌다가도 다시 일어나 만세를 불렀지.

한편 민족 대표들이 있는 태화관에도 일본 경찰이 들이닥쳤지. 그들은 민족 대표들에게 총칼을 들이대고 수갑을 채우려 했어.

"이놈들, 우리 몸에 손대지 마라! 조선 사람이 조선 독립을 선언했는데, 우리에게 무슨 죄가 있다고 수갑을 채우려 하느냐!"

민족 대표들은 일본 경찰들에게 호통을 친 후, 당당하게 일본 경찰이 대기해 놓은 차에 올랐어.

만세 행렬은 시내 곳곳으로 번져 나갔어. 그리고 행렬도 더욱 불어났지. 고종의 장례를 보

보신각 앞에서 만세를 부르는 사람들
탑골 공원에서 시작된 독립 만세는 순식간에 사방으로 퍼져 나갔어. 사진의 배경은 서울시 종로구에 있는 보신각이야. 구름처럼 많은 사람이 몰려들어 남녀노소 할 것 없이 독립 만세를 외치고 있어.

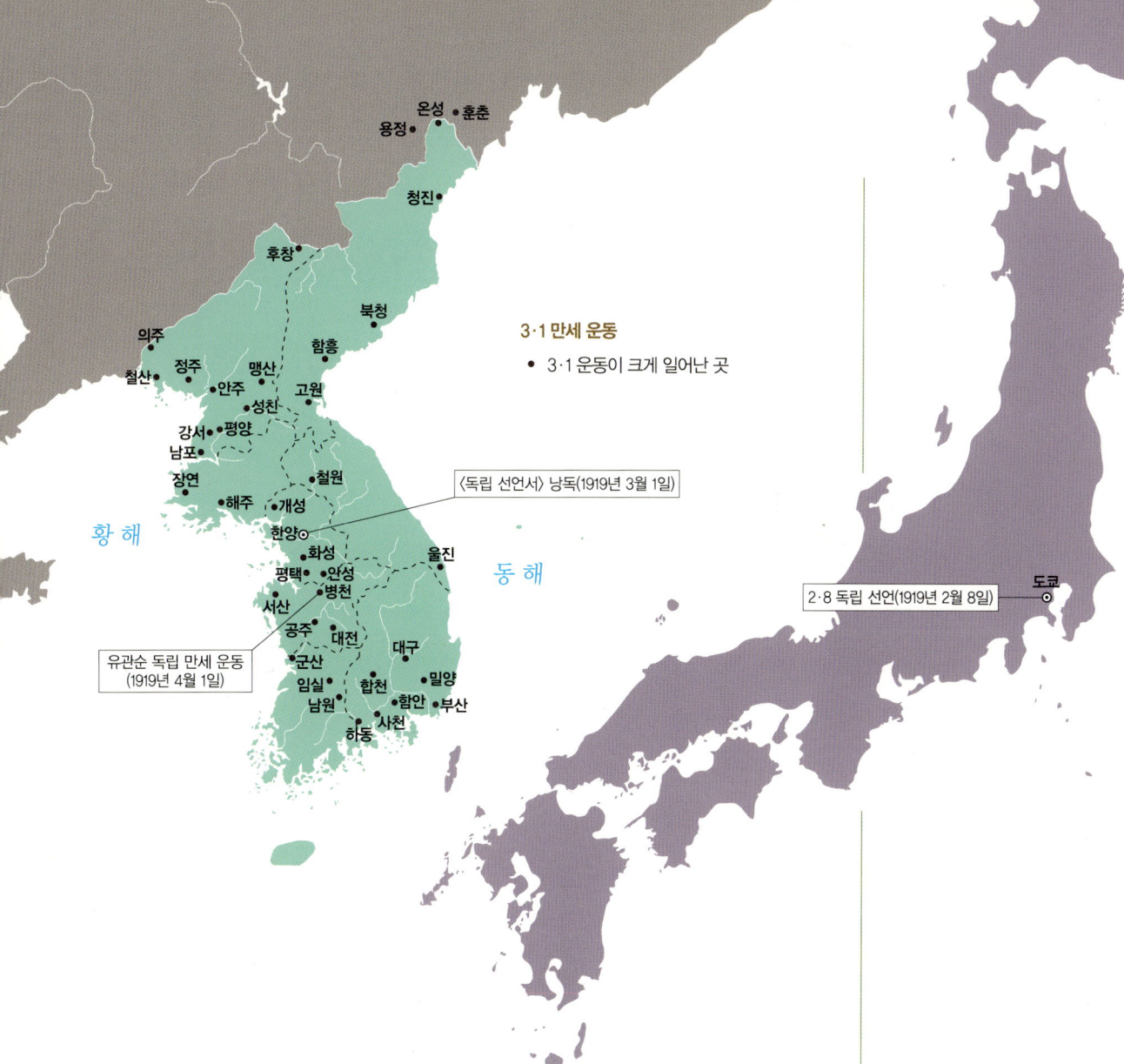

기 위해 지방에서 올라온 사람들이 합세했기 때문이야. 거리의 상점은 모두 문을 닫았고, 한양 시내에는 오로지 만세를 외치는 함성으로 가득 찼어.

3월 1일, 한양에서만 만세 운동이 있었던 것은 아냐. 평양 등 몇몇 도시에서도 만세 운동이 일어났지. 그리고 도시와 농촌을 가리지 않고 전국적으로 빠르게 번져 나갔어.

만세 운동이 전국으로 빠르게 번진 데에는 고향인 아우내 장터(충청남도 병천)에서 만세 운동을 이끈 유관순 같은 학생들의 역할이 컸어. 학생들이 앞장서서 만세 운동을 이끌었던 거야. 그 후 만세 운동은 계속 번져 나가, 상인·노동자·농민 등 하층민이 운동을 이끄는 세력으로 떠올랐어.

일본 경찰은 평화적으로 만세를 외치는 군중을 향해 마구 총질하고 닥치는 대로 잡아 가뒀지. 그래서 희생자가 늘어나자 시위도 격렬해졌어. 특히 농촌에서는 낫, 곡괭이, 죽창 등으로 무장하고 면사무소와 경찰서, 헌병대 등을 습격하는 일이 자주 일어났어. 평화적인 만세 운동이 차츰 무력 투쟁으로 번진 거야.

만세 운동의 열기는 나라 밖으로도 번져 나갔어. 3·1 만세 운동 소식을 들은 만주, 연해주, 미국 지역의 동포들과 일본 유학생들도 대규모 만세 운동을 벌였지. 비록 일제의 무자비한 탄압으로 독립을 쟁취하지는 못했지만, 3·1 만세 운동은 우리 민족의 하나 된 독립 의지를 전 세계에 알린 역사상 가장 큰 규모의 민족 운동이었어.

또 3·1 만세 운동은 대한민국 임시 정부의 탄생이라는 큰 결실을 낳았어. 만세 운동의 열기가 우리 민족을 대표하는 기구를 만들려는 노력으로 이어져, 여러 곳에서 독립운동의 중심이 될

유관순
3·1 운동 당시, 유관순은 겨우 열여덟 살 난 소녀였어. 이화 학당에서 공부를 하다 고향으로 내려가 3·1 운동을 이끌었지. 그러나 일본 순사에게 잡혀가 모진 고문을 받았고, 결국 이듬해인 1920년에 열아홉의 나이로 세상을 떠났단다.

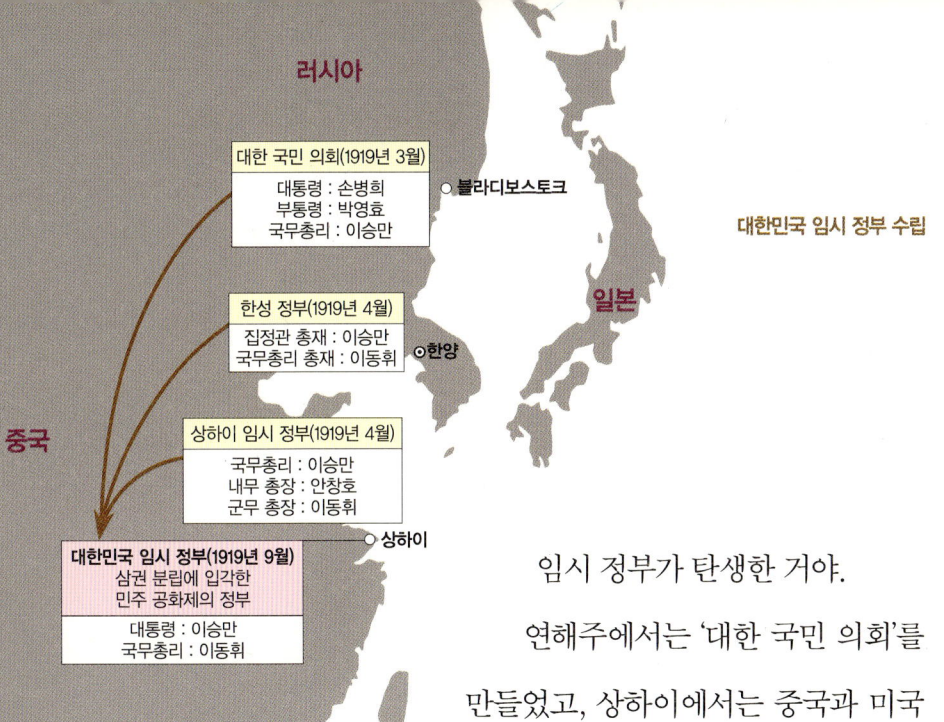

대한민국 임시 정부 수립

임시 정부가 탄생한 거야. 연해주에서는 '대한 국민 의회'를 만들었고, 상하이에서는 중국과 미국 지역의 독립운동가들이 참여한 '상하이 임시 정부'를 수립했지. 또 국내에서는 13도 대표자가 모여 '한성 정부'를 선포하였어.

이들 임시 정부는 통합 작업을 벌여, 1919년 9월에 상하이에서 하나 된 '대한민국 임시 정부'가 탄생했단다. 상하이에 임시 정부를 둔 것은 독립운동 단체 사이에 연락하기가 쉽고, 일본의 탄압을 받지 않으면서 서양 열강과 외교 활동을 하기에 알맞은 조건을 갖추고 있기 때문이었어.

대한민국 임시 정부에는 나라 안팎에서 활동하고 있는 독립운동 세력이 대부분 참여했어. 또 의정원(입법), 국무원(행정), 법원(사법)의 삼권 분립 체제를 갖춘 우리나라 최초의 민주 공화제 정부였지. 황제가 다스리는 대한 제국이 아닌, 국민이 주인인 나라로 새롭게 탄생한 거란다.

9

3·1 만세 운동 이후의 독립운동

3·1 운동 이후, 일제는 우리나라를 문화 통치로 다스렸어. 그러나 이에 굴하지 않고 전국적인 실력 양성 운동과 더불어 6·10 만세 운동이 일어났지. 만주에서도 무장 투쟁이 계속됐어. 한인애국단 단원의 폭탄 의거도 이어졌지. 뿐만 아니라 민족 문화를 지키기 위한 운동도 일어났어. 수많은 독립운동가의 희생으로 지금의 우리가 있다는 사실을 잊지 말아야 한단다.

3·1 만세 운동 이후의 독립운동

이른바 '문화 통치'와 항일 투쟁 | 독립 전쟁에서 빛나는 승리를 거두다 | 일본의 침략 전쟁과 항일 민족 운동 | 민족 문화를 지키기 위한 운동

이른바 '문화 통치'와 항일 투쟁

일제는 3·1 만세 운동으로 우리 민족의 거센 저항에 부딪히자, 무단 통치 대신 '문화 통치'라는 통치 방식을 들고나왔어. 그래서 조선 총독도 군인 대신 민간인을 임명하도록 규정을 바꿨어. 또 헌병 경찰 제도를 폐지하고 보통 경찰 제도를 실시했지. 언론·출판·집회·결사의 자유도 일부 허용했어.

그러나 이런 정책의 변화는 우리 민족의 저항을 누그러뜨리고, 가혹한 식민 통치를 은폐하려는 속임수에 지나지 않았어. 실제로 민간인 총독이 임명된 적은 단 한 번도 없었고, 경찰서 인원은 세 배 이상 늘어났어. 뿐만 아니라 '치안 유지법'을 만들어 독립운동을 강력하게 탄압했지.

언론과 집회의 자유도 허울뿐이기는 마찬가지였어. 〈조선일보) 〈동아일보〉 등 우리 민족의 신문이 발행됐지만, 검열이 심해 일제에 비판적인 기사는 삭제되기 일쑤였어. 집회나 단체 활동도 일제의 식민 지배를 반대하지 않는 것만 허용됐지.

경제 정책도 마찬가지였어. 조선의 농업을 발전시키겠다면서 '산미 증식 계획'을 실시했어. 그렇지만 실제로는 조선의 쌀 생산량을 늘려 일본으로 가져가려는 속셈이었지. 심지어 일제가 계획한 만큼 쌀 생산량이 늘어나지 않았는데도 더 많은 쌀을 일본으로 가져가는 바람에, 우리나라의 식량 상황은 크게 나빠졌단다.

일제의 문화 통치는 결국 많은 친일파를 길러 내고 우리 민족을 분열시켜 항일 독립 투쟁을 약하게 만들려는 정책이었어. 그리고 이와 같은 일제의 민족 분열 정책에 말려들어 민족을 배신하고 친일 활동을 하는 지식인과 자본가 들이 많이 생겨났지.

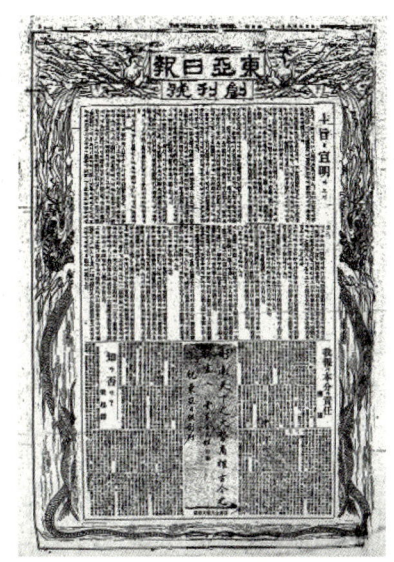

동아일보
1920년에 창간한 〈동아일보〉의 창간호야. 3·1 운동 이후 조선 총독부가 발행할 수 있도록 허가한 세 개의 민간 신문 중 하나였어. 나머지 두 개는 〈조선일보〉와 〈시사신문〉이었단다.

한편 대한민국 임시 정부를 중심으로 열강에 독립을 호소하는 외교 활동이 전개되었지만 뚜렷한 성과를 거두지는 못했어. 그래서 당장은 독립이 어렵다고 생각하고, 민족의 힘을 길러 독립을 준비하자는 움직임이 일어났어. 이를 '실력 양성 운동'이라고 해. 대표적인 실력 양성 운동으로는 '물산 장려 운동'과 '민립 대학 설립 운동'을 꼽을 수 있어.

물산 장려 운동은 토산품 애용, 근검절약, 금주와 금연 등으로 민족 산업을 육성하려는 운동이야. 1922년 평양에서 조만식 등이 처음 시작해서 전국으로 번져 나갔어.

　민립 대학 설립 운동은 일제가 우리 민족에게 고등 교육을 받을 기회를 주지 않자, 민족 교육을 담당할 최고 교육 기관을 설립하자는 뜻에서 시작한 운동이야. 그래서 '한민족 1천만이 1원씩'이라는 구호를 내세우고 모금 운동을 벌였어. 그러나 일제의 탄압으로 중단되고 말았지.

　이처럼 우리 민족을 분열시키기 위한 일제의 문화 통치라는 잔꾀 속에서 다시 한 번 만세 운동이 일어났어.

　1926년 4월 25일, 순종 황제가 세상을 떠났어. 이에 권오설 등 사회주의 계열의 인물은 순종 국장일인 6월 10일에 3·1 만세 운동과 같은 대규모 만세 운동을 벌일 계획을 세웠단다. 그러나 일제에 그 계획이 발각되면서 많은 사람이 구속됐어.

　한편 연희 전문학교, 중앙 고등 보통학교, 중동 학교 등 한양

물산 장려 운동
대표적인 실력 양성 운동의 하나야. 1922년에 조만식을 중심으로 시작되었어. 일본에게서 경제적으로 자립하자는 데 목표를 두었지. 이 광고는 '우리가 만든 것 우리가 쓰자.'는 내용을 바탕으로 국산품 사용을 강조하고 있어.

민족 실력 양성 운동
- 물산 장려 운동이 일어난 곳

의 몇몇 학교에서는 학생들이 은밀히 만세 운동을 계획하고 있었어. 일제의 감시가 기성 독립운동가들에게만 쏠려 있고, 학생들은 철저하게 감시하지 않았기 때문에 나름대로 계획을 추진할 수 있었지.

순종 국장일인 6월 10일, 학생들은 한양의 여러 지역에서 "독립 만세!"를 외치며 미리 준비했던 인쇄물을 뿌렸어. 곧 국민들도 만세 운동에 가세했지. 지방 학생들도 동맹 휴학으로 일제에 맞섰어.

6·10 만세 운동은 학생이 중심에 서서 전개한 항일 민족 운동이었다는 데 큰 의미가 있어. 또 이를 통해 학생 운동이 활발해졌으며, 신간회가 생기는 계기가 되었지.

다시 3년이 흐른 1929년 10월이었어. 광주와 나주 사이를 오가는 통학 열차에서 일본 남학생이 조선 여학생을 희롱하는 사건이 일어났어. 이를 본 여학생의 사촌 동생이 일본인 학생을 때려눕혔고, 이 일로 일본 학생과 조선 학생 사이에 패싸움이 벌어졌어.

일본 경찰은 이 사건을 조사하면서 일방적으로 조선 학생들에게 불리한 처벌을 했어. 이에 격분한 광주 지역 학생들이 연합하여 항일 운동을 시작했어.

이것이 도화선이 되어 이듬해 봄까지 전국에서 항일 운동과 동맹 휴학이 이어졌단다. 그리고 시민과 노동자 들도 합세했지. 광주 학생들의 항일 투쟁은 3·1 운동 이후에 일어난 최대 규모의 항일 민족 운동이었어.

광주 학생들이 항일 운동을 처음 시작한 날이 11월 3일이어서, 정부는 11월 3일을 학생의 날로 제정했어(1953년).

한편 1927년에는 신간회가 창립되었어. 신간회는 민족주의 계열과 사회주의 계열 인사들이 손을 잡고 만든 단체야. 신간회는 강연회 등을 열어 민족의식을 높이고, 지주와 소작인 사이의 분쟁이나 노동 쟁의와 동맹 휴학 등을 지원했어.

광주 학생 항일 운동이 전국적으로 알려진 것도 신간회 덕분이야. 신간회는 그때까지 조직됐던 항일 단체 중 최대 규모였

신간회 회원의 연행을 보도한 신문 기사
1929년, 광주에서 학생을 중심으로 한 항일 운동이 일어났어. 신간회는 이 사건의 진상을 파악하기 위해 조사단을 파견했고, 그 덕에 전국적인 민족 운동으로 번질 수 있었단다. 그러다 신간회 회원들은 일제에 연행되어 조사를 받게 되었어.

> ### 민족주의 계열과 사회주의 계열
>
> 민족주의는 민족의 단합을 통해 단일 민족 국가를 건설하자는 정치 운동이나 사상을 말해. 사회주의는 사유 재산(개인이 가진 재산) 제도를 폐지하여 생산 수단을 함께 소유하고, 생산한 것도 똑같이 나누자고 주장하는 운동이나 사상을 말하지. 사회주의는 나중에 공산주의로 발전하게 돼.
>
> 우리나라에 이 두 가지 사상이 나타난 것은 1920년대였어. 민족 계몽 운동과 민립 대학 설립 운동, 물산 장려 운동 등은 민족주의 계열에서 일으킨 운동이야. 반면 노동자의 각종 노동 쟁의와 농민의 소작 쟁의 중심에는 사회주의 계열의 독립운동가들이 있었지.
>
> 민족주의 계열과 사회주의 계열은 서로 대립하는 관계에 있었지만 계속 대립만 했던 것은 아냐. 민족주의 계열은 타협적 민족주의 계열과 비타협적 민족주의 계열로 나뉘었어. 그런데 타협적 민족주의 세력이 '자치권'을 주장하며 일제와 타협하려 하자, 비타협적 민족주의 계열은 사회주의 계열과 연합해서 '신간회'를 결성한 것이었지.

지. 그러나 일제의 집요한 탄압과 내부 갈등으로 1931년 해산하고 말았어. 또 여성계에서도 신간회의 자매단체로 '근우회'를 조직했어. 이들은 강연회, 부인 강좌, 야학 활동 등으로 여성의 지위 향상과 계몽을 위해 힘썼단다.

독립 전쟁에서 빛나는 승리를 거두다

3·1 운동 이후 만주 지역에는 독립군 부대가 크게 늘어났어. 조국의 독립을 위해서는 무력으로 일본을 몰아내는 방법밖에 없다고 생각하는 많은 젊은이가 국경을 넘어가 독립군에 가담

했기 때문이야. 이들은 자주 국내로 숨어들어 일제의 군부대나 경찰서를 공격했어.

1920년 5월에는 홍범도의 대한 독립군, 안무의 국민회군, 최진동의 군무도독부가 연합해서 '대한북로독군부'를 만들었어. 그리고 6월 4일, 이들은 두만강을 건너 일본군을 습격해서 1개 소대를 격파하는 큰 타격을 입혔지.

다음 날, 일본군은 1개 대대 병력으로 두만강을 건너 독립군을 추격했어. 그러나 추격대는 독립군을 찾아내지 못했고, 대신 인근 마을에 살고 있던 조선인을 무자비하게 학살했어. 그러자 독립군은 일본군 추격대를 삼둔자로 유인했어. 그리고 기습 공격을 감행해 큰 피해를 입혔단다.

일본군은 삼둔자 전투의 피해를 평계로, 독립군을 완전히 소탕하기 위한 추격 대대를 편성했어. 야스카와 지로 소령이 이끄는 일본군 추격 대대는 중국 영토를 침범해서 독립군 근거지인 봉오동을 공격했지.

봉오동은 두만강에서 40리 거리에 있는 계곡 지대야. 험준한 산줄기가 병풍처럼 사방을 둘러싸고 있는 데다, 계곡의 길이도 수십 리나 되는 곳이지.

홍범도가 이끄는 독립군은 6월 7일 아침부터 일본군의 침입에 대비하고 있었어. 그래서 계곡 입구인 남쪽을 제외한 동·서·북쪽 세 방면의 밀림 속에 군사를 매복시켰지.

홍범도
봉오동 전투를 승리로 이끈 독립운동가란다. 청산리 대첩에도 대한 독립군을 이끌고 참가하는 등 만주 지역에서 큰 활약을 펼친 장군이었지. 훗날 스탈린의 한인 강제 이주 정책에 의하여 카자흐스탄으로 쫓겨나 살다가, 1943년에 그곳에서 숨을 거두었어.

홍범도는 직접 2개 중대를 인솔해서 일본군이 봉오동 입구를 지나 공격해 오도록 유인했어. 독립군의 작전대로 일본군은 독립군이 매복해 있는 계곡 가운데로 들어왔고, 독립군은 동·서·북쪽 세 방면에서 일제히 공격을 퍼부었지.

기습 공격을 당한 일본군은 갈팡질팡하며 쓰러졌어. 이 전투에서 일본군은 157명이 죽고, 3백여 명의 부상자를 냈어. 그러나 독립군은 장교 한 명과 군사 세 명이 전사하고, 약간의 부상자를 냈을 뿐이야. 이것이 바로 '봉오동 전투'란다.

봉오동 전투는 중국 영토인 만주 지역에서 독립군과 일본군 사이에 벌어진 최초의 대규모 전투였어. 이 전투의 승리로 독립군의 사기는 크게 높아졌고, 그 후 더욱 활발한 독립 전쟁이 전개되었단다.

봉오동 전투에서 일본군을 크게 격파한 독립군은 그로부터 넉 달쯤 지난 그해 10월, 일본과의 독립 전쟁에서 더 큰 승리를 거뒀어.

일본은 만주와 간도 지방에서 점점 활발해지는 독립군의 활동이 조선을 식민지로 지배하는 데 큰 위협이 된다고 생각했어. 그래서 대규모 토벌 작전을 계획했지. 그리고 중국 땅인 만주에 출병할 구실을 만들기 위해 '훈춘 사건'을 조작했어. 훈춘 사건은 일본이 창장하오라는 중국인 마적 두목을 매수해서, 훈춘 성에 있는 일본 영사관을 공격해 불태우게 했던 일이야.

일본은 훈춘 사건을 구실로 간도 지방에 대규모 병력을 파견했어. 중국군은 이 사실을 독립군에 알려 줬어. 독립군 연합 부대는 일본군 토벌대와 맞서 싸울 장소를 찾아 백두산 부근의 화룡현에 있는 청산리 계곡으로 집결했단다. 청산리 계곡은 동서 길이가 30킬로미터에 이르는 긴 계곡이야. 계곡 양쪽은 사람이나 말이 통행하기 힘들 정도로 울창한 밀림 지대였지. 이 지역에서 엿새간 벌어진 전투를 모두 합쳐서 '청산리 대첩'이라고 해.

김좌진이 이끄는 북로 군정서와 홍범도가 이끄는 독립군 연합 부대는 미리 유리한 장소를 차지하고 있다가, 추격해 오는 일본군 토벌대를 공격해서 크게 격파했어. 10월 21일부터 26일 새벽까지 이어진 10여 차례의 전투에서 독립군은 일본군 연대장을 비롯하여 1천2백여 명을 사살했지. 독립군은 1백여 명이 전사했을 뿐이야.

청산리 대첩은 일본과의 독립 전쟁에서 가장 빛나는 전과를 올린 전투였어. 독립군 부대가 병력도 훨씬 많고 화력도 월등한 일본군을 격파할 수 있었던 이유는 무엇이었을까? 그건 바로 독립군의 불타는 애국심과 항전 의지는 물론, 간도 동포들의 헌신적인 지원이 있었기 때문이야. 동포들은 온갖 어려움을 무릅

봉오동 전투와 청산리 대첩
- 봉오동 전투가 일어난 곳
- 청산리 대첩이 일어난 곳

쓰고 일본군의 움직임을 알려 주고, 식량과 군수품을 지원하는 등 많은 뒷바라지를 했어.

독립군의 조직적인 무력 항쟁과 더불어, 개인적인 무력 투쟁으로 일제에 타격을 입히려는 움직임도 이어졌어. 이 같은 일을 위해 조직한 대표적인 단체가 의열단이었지.

1919년, 만주에서 김원봉이 주도해 조직된 의열단은 조선 총독부 고위 관리와 친일파 처단, 일제의 착취 기관 파괴 등을 목표로 활동했어. 조선 총독부에 폭탄을 던진 김익상, 종로 경찰서에 폭탄을 던진 김상옥, 일본 왕궁에 폭탄을 던진 김지섭, 동양 척식 주식회사에 폭탄을 던진 나석주의 활동 등이 의열단의 주요 항일 투쟁이었어.

이와 같은 투쟁은 일제에게 공포감을 주고, 동포들에게는 항일 의지와 독립에 대한 희망을 갖게 했단다.

김좌진
청산리 대첩으로 유명한 독립운동가야. 3·1 운동 이후 만주에 북로 군정서를 세우고 총사령관이 되었어. 또 사관 양성소도 설립했지. 그리고 이곳에서 독립운동을 위한 군사를 길렀단다.

일본의 침략 전쟁과 항일 민족 운동

1931년, 일본은 만주를 침략하고 이듬해에는 일본의 꼭두각시 나라인 만주국을 세웠어. 그 후 국제 연맹에서 탈퇴하고 1937년에는 중일 전쟁을, 1941년에는 하와이의 진주만을 기습 공격해서 태평양 전쟁을 일으켰어. 이로써 중국과 미국은 물론 동남아시아의 여러 나라로 침략 전쟁을 확대시켰지.

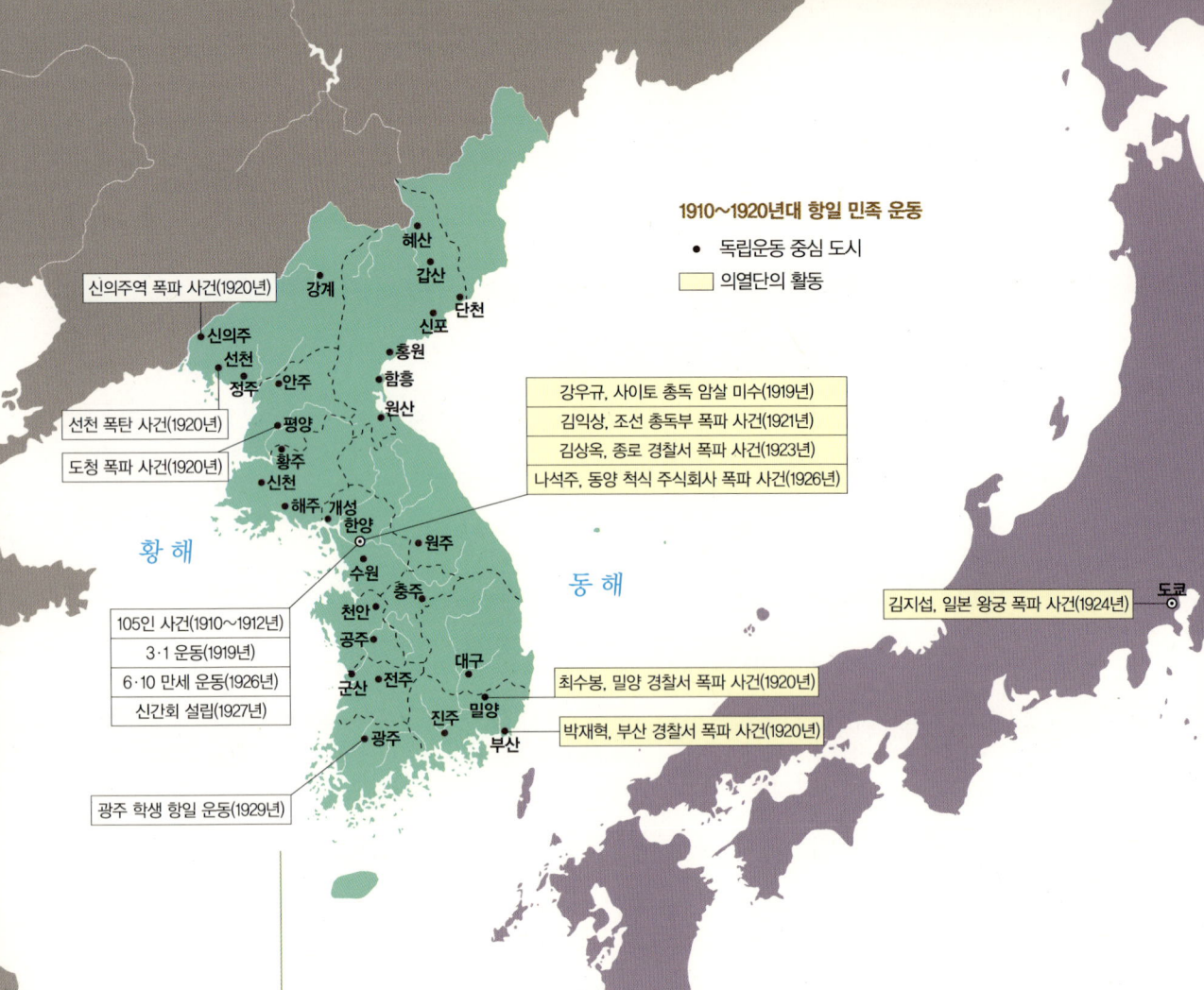

　일본은 자기 나라를 전쟁 동원 체제로 만든 것으로 모자라, 식민지인 조선의 사람과 자원도 모두 전쟁 도구로 이용했어. 이를 위해 일본은 '조선과 일본은 하나이며 같은 조상, 같은 뿌리에서 나왔다.'는 주장을 내세웠어. 조선인의 민족의식을 말살시켜 완전히 일본인으로 만들려는 정책을 편 거였지.

　일본은 일왕에게 충성을 다짐하는 〈황국 신민 서사〉를 만들어 암송시켰고, 조선 곳곳에 일본 왕실의 조상과 국가 유공자를 받드는 '신사'를 지어 강제로 참배시켰어. 또 학교에서는 우리말과 우리글을 사용하지 못하게 막고, 우리 역사도 가르치지 못하게 했단다.

'창씨개명'도 강요했어. 창씨개명은 조선 사람의 성과 이름을 일본식으로 바꾸는 것을 말해. 창씨개명을 거부하면 식량을 배급해 주지 않았고, 상급 학교에도 들어갈 수 없었어. 그 무렵에는 전쟁으로 물자가 부족해서 식량을 배급해 줬거든.

조선인이 발행했던 신문과 잡지도 폐간되고, 민족주의 단체도 모두 해산됐어. 정치·경제 등 어떤 분야에서도 우리 민족이 활동하지 못하게 막았던 거야.

뿐만 아니라 우리나라를 전쟁 물자를 대는 창고로 이용했어. 군수 물자를 만들기 위한 공장을 짓고, 지하자원을 캐내고, 놋그릇과 숟가락까지 거둬 가 무기를 만들었지. 많은 젊은이가 강제로 군대에 끌려가 일본을 위해 싸워야 했고, 더 많은 사람이 군수 공장·광산·철도 건설 현장으로 끌려가 노예처럼 일했어.

더욱 끔찍한 일은 여자들이 일본군 성노예로 끌려간 거야. 일본은 젊은 여성들을 '일본군 위안부'라는 이름으로 강제 동원해서 일본군의 성노에 노릇을 하도록 강요했어. 그러나 일본은 파렴치하게도 지금까지 일본군 위안부를 강제 동원한 일이 없다며 거짓말을 하고 있지.

그럼 이 무렵에는 우리 민족이 일본에 아무런 저항도 하지 못

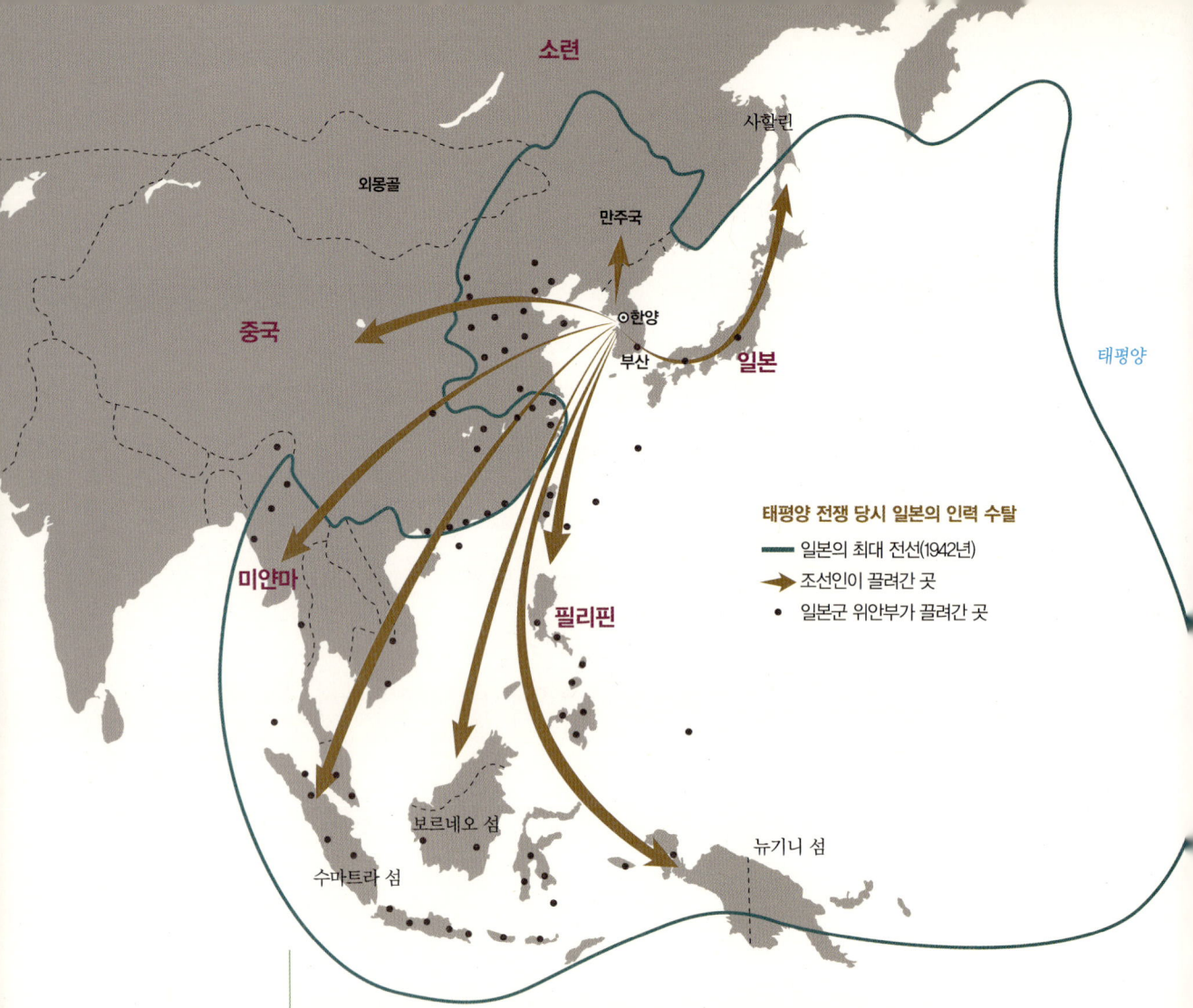

했을까? 일본의 가혹한 탄압으로 나라 안에서는 일본에 맞서 싸우기가 거의 불가능했어. 다만 노동 운동과 농민 운동은 활발히 일어났지. 그리고 나라 밖에서는 활발한 항일 독립운동이 계속 이어졌단다.

1932년 1월 8일, 한인애국단 소속의 이봉창은 일본 도쿄에서 삼엄한 경호를 받으며 마차를 타고 왕궁으로 돌아가던 일왕에게 폭탄을 던졌어. 비록 일왕을 처단하는 데에는 실패했지만, 일본인들의 간담을 서늘하게 만들고 침체되었던 임시 정부의 활동에 큰 활력을 불어넣은 사건이었지.

1932년 4월 29일, 중국 상하이의 훙커우 공원에서는 상하이 만을 기습 공격해서 점령한 일본의 승리를 축하하는 기념식이 열렸어. 공원에는 수많은 인파가 운집해 있었고, 일본군은 삼엄한 경계를 펼치고 있었지. 그리고 단상에는 시라카와 대장과 해군 총사령관인 노무라 중장, 우에다 중장, 중국 주재 일본 공사 시게미쓰, 상하이의 일본인 거류민 단장 가와바타, 상하이 총영사 무라이 등 조선 침략의 원흉이 자리 잡고 있었어.

한참 기념식이 진행되고 있을 때였어. 한 젊은이가 물통 모양 폭탄의 덮개를 벗겨 안전핀을 뽑더니, 사람들을 헤치고 앞으로 나아가 단상을 향해 힘껏 던졌어. 폭탄은 노무라와 시라카와 앞에서 폭발했지. 시라카와와 가와바타는 폭사하고, 나머지는 다리가 절단되거나 실명하는 등 중상을 입었어. 폭탄을 던진 젊은이는 다름 아닌 한인애국단 소속의 윤봉길이었어.

윤봉길의 쾌거는 전 세계를 깜짝 놀라게 했어. 중국의 장제스 총통은 "중국의 백만 대군도 못한 일을 조선의 한 젊은이가 해냈다."고 감격했지. 그리고 이 일이 있은 후 중국 국민당 정부는 그동안 큰 관심을 갖지 않던 조선의 독립운동과 임시 정부를 적극 지원하게 되었어.

한편 독립운동 세력도 보다 효율적으로 항일 투쟁을 전개하

이봉창
한인애국단 소속의 독립운동가란다. 일본 도쿄에서 군대를 검열하고 돌아가는 일본 천황에게 수류탄을 던졌지만 실패했어. 그 자리에서 체포되어 같은 해 10월에 사형을 선고받고 죽음을 맞이했단다.

기 위해 임시 정부를 중심으로 모이기 시작했어. 그리고 중국 정부의 협조를 얻어 '한국광복군'을 창설했어(1940년). 한국광복군은 단순한 독립운동 부대가 아닌 임시 정부의 정규군이었지.

1941년, 태평양 전쟁이 일어나자 임시 정부는 일본에 선전 포고를 했어. 미국, 영국 등과 같은 편에서 연합군으로 참전한 거야. 그래서 한국광복군의 일부 병력도 인도, 미얀마 등지에서 영국군과 연합 작전을 펼치며 일본군과 싸웠지.

김구와 윤봉길
김구와 윤봉길은 대표적인 독립운동가야. 윤봉길은 김구가 이끄는 한인애국단에 가입하여, 1932년 훙커우 공원에서 일본군에게 폭탄을 던지는 의거를 일으켰단다. 윤봉길의 의거로 우리 민족의 독립운동은 중국 정부에게 인정받게 되었어.

임시 정부는 한걸음 더 나아가 광복군을 국내에 진격시킬 계획을 세웠어. 미국의 협조를 받아 군사를 훈련시키고, 9월에 작전을 실행에 옮길 계획이었지. 그러나 일본이 너무 빨리 항복하는 바람에 국내 진공 계획은 실행되지 못했단다.

민족 문화를 지키기 위한 운동

우리 민족이 오로지 무력 항쟁으로만 일제에 맞섰던 것은 아냐. 우리의 민족정신을 말살하려는 일제의 정책에 맞서 우리의 문화와 전통을 지키려는 활동도 활발하게 이뤄졌어.

먼저 우리 역사를 지키기 위한 노력부터 알아볼까?
일제는 당파 싸움·사대주의 등 우리 역사의 나쁜 면만 강조

신채호가 쓴 편지
1901년, 신채호가 독립운동가 이관구에게 보낸 편지야. '광무 5년'이라는 글자로 편지를 쓴 시기가 언제인지 알 수 있지. 신채호는 《황성신문》《대한매일신보》 등에 글을 실어 언론 활동으로 항일 운동을 펼쳤단다.

했어. 그래서 우리 민족이 일본의 식민지 지배를 받는 것을 당연하게 여기도록 만들려고 했어. 일제의 이와 같은 역사 왜곡을 '식민 사관'이라고 해.

신채호, 박은식 등은 민족주의 사관으로 일제의 식민 사관에 맞섰어. 민족주의 사관은 우리 민족의 기원을 밝혀 우리의 역사가 자주적이고 자발적이라는 사실을 증명하고, 우리 민족 문화의 독창성·우수성을 강조하는 사관이야. 민족정신이 깃들어 있는 역사를 지켜야 나라도 되찾을 수 있다고 믿어서, 민족주의 사관으로 일제의 식민 사관에 맞선 거였지. 민족주의 사관은 독립운동의 정신적 바탕이 되었단다.

우리말과 글을 지키려는 노력도 꾸준히 이어졌어. 1921년에

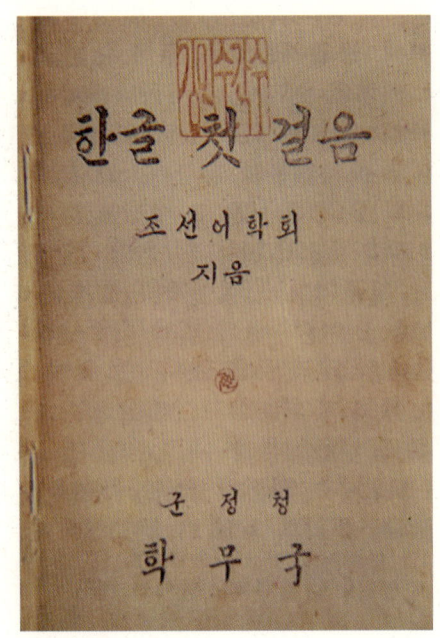

조선어 학회
조선어 학회는 1921년에 설립한 '조선어 연구회'의 이름을 바꾼 단체야. 일본의 문화 통치기에 우리말을 연구하고 발전시키려는 목적으로 설립했지. 《한글 첫 걸음》은 한글을 배우지 못한 상급학년을 위해 1945년에 만든 입문서란다.

설립된 조선어 연구회는 음력 9월 29일을 '가갸날'로 정해 훈민정음 반포를 기념했어(1926년). 또 1927년 2월부터는 《한글》이라는 잡지를 만들어 한글의 보급과 연구에 힘썼지.

1931년에는 최현배, 이극로 등을 중심으로 한 조선어 학회에서 '한글 맞춤법 통일안'과 표준어·표기법 관련 규정을 만들고, 《큰사전》 편찬도 준비했어. 그러나 일제의 탄압으로 회원들이 잡혀가 옥살이를 하고, 일부 회원은 가혹한 고문으로 목숨을 잃기도 했지. 이 일을 '조선어 학회 사건'이라고 해(1942년).

영화, 가요 등의 대중문화도 일제의 가혹한 식민 통치 아래에서 나름의 역할을 했어. 대중문화는 민중의 고달픈 삶을 달래 주고, 식민지 통치에 대한 울분과 저항 의식을 은근히 드러내기도 했지.

1926년에는 나운규가 〈아리랑〉이라는 영화를 만들어 식민 통치의 울분을 드러내고, 민족의식과 항일 정신을 드높여 주었어. 〈아리랑〉은 지금과 같은 영화가 아닌 흑백 무성 영화야. 음악이나 대사가 나오지 않고, 변사가 말로 영화의 내용을 설명해 주는 영화를 '무성 영화'라고 해.

당시 널리 불렸던 〈봉선화〉〈반달〉도 민족 정서를 짙게 담아,

일제에 대한 은근한 저항 정신을 드러낸 노래라고 할 수 있어.

안익태는 해외에서 활동하면서 〈애국가〉를 작곡했어. 〈애국가〉는 본래 안익태의 〈한국 환상곡〉이라는 작품에 들어 있던 합창곡이었지.

문학 분야에서도 많은 작가와 시인이 일제에 저항하는 작품 활동을 했어. 한용운, 이상화, 심훈 등이 대표적인 항일 문학가야. 일제에 저항하는 이들의 문학적 전통은 이육사, 윤동주에게 이어졌지.

그러나 일제의 회유에 넘어가 친일 문학 활동을 한 작가와 시인 들도 없지 않았어. 이광수, 주요한, 서정주 등이 대표적인 친일 문인이라고 할 수 있어.

이육사
일제 강점기의 대표적인 시인이자 독립운동가야. 〈광야〉〈청포도〉 등 일제에 대한 저항 의지와 독립을 바라는 마음을 담은 작품 여럿을 남겼어. 경상북도 안동시에는 그를 기리는 이육사 문학관이 설립되어 있단다.

윤동주
일제 강점기에 짧은 생을 살다 간 시인으로 〈별 헤는 밤〉〈서시〉 같은 작품을 남겼어. 일본 유학 중에 독립운동을 했다는 혐의로 체포되어, 해방을 반년 앞둔 1945년 2월에 숨을 거두었어. 뒷줄 왼쪽부터 차례로 독립운동가 장준하, 문익환, 윤동주란다.

10

대한민국 정부 수립과 6·25 전쟁

우리나라가 왜 세계에서 하나뿐인 분단국이 되었는지 궁금하지 않니? 1945년 8월 15일, 일본이 항복하면서 우리나라는 독립하게 되었어. 그러나 얼마 뒤, 전쟁에서 이긴 나라들은 우리나라를 신탁 통치하겠다고 결정했어. 게다가 우리 민족은 좌익과 우익 진영 사이의 의견 차이가 생겼지. 결국 남북이 갈라져 각각 다른 정부를 세우게 되었어. 그리고 1950년, 북한의 남침으로 민족 간의 6·25 전쟁이 시작되었단다.

대한민국 정부 수립과 6·25 전쟁

10

해방 그리고 갈라진 남과 북 | 북한의 남침으로 전쟁이 시작되다

해방 그리고 갈라진 남과 북

1945년 8월 15일 정오, 일왕 히로히토가 연합군에 무조건 항복한다는 방송이 라디오에서 흘러나왔어. 마침내 우리나라가

광복 직후의 모습
1945년 8월 16일 오전 9시, 마포 형무소 앞의 광경이야. 수많은 사람이 우리나라의 독립과 일본의 항복을 기뻐하며 만세를 부르고 있단다.

일제의 식민 지배에서 벗어나게 된 거야.

사람들은 숨겨 두었던 태극기를 꺼내 들고 거리로 뛰쳐나와 목이 터져라 만세를 불렀어. 외국에서 독립운동을 하던 애국지사들이 고국으로 돌아오고, 옥에 갇혔던 독립운동가들도 풀려나왔어.

그러나 우리 손으로 바로 독립 국가를 세울 수는 없었단다. 북위 삼십팔도선을 경계로 한반도의 남쪽에는 미군, 북쪽에는 소련군이 들어왔기 때문이야. 이들은 일본군을 무장 해제하고, 각각 자기들이 맡은 지역을 다스렸어.

같은 해 12월, 러시아 모스크바에서 미국·영국·소련 세 나라의 외무 장관 회의가 열렸어. 전쟁 후의 여러 문제를 논의하기 위한 자리였지. 이 자리에서 '대한민국은 오랫동안 일본의 지배를 받아 왔기 때문에 스스로 나라를 다스릴 능력이 없다.'며 '한국에 임시 민주주의 정부를 수립하고, 미국·소련·영국·중국 네 나라가 최고 5년 동안 신탁 통치를 실시한다.'는 결정을 내렸어.

'신탁 통치'가 뭐냐고? 국제 연합(유엔)의 감독 아래, 그 나라의 정치가 안정될 때까지 일정 기간 동안 다른 나라가 대신 다스리는 제도를 말해.

겨우 독립을 했는데 또 다른 나라가 대신 다스리겠다니! 김

신탁 통치 반대 운동

광복 직후 모스크바 3국 외무 장관 회의에서 결정된 한반도 신탁 통치 결정에 반대하기 위해, 전국적인 '반탁 운동'이 일어났어. 반탁 운동은 김구를 중심으로 1947년 8월 말, 미소 공동 위원회가 결렬될 때까지 계속되었단다.

구, 이승만 등 우익 진영은 대대적으로 신탁 통치에 반대하는 운동을 펼쳤어. 좌익 진영도 처음에는 신탁 통치에 반대했으나, 곧 모스크바 3국 외무 장관 회의의 결정을 지지하는 쪽으로 돌아섰지. 미국 등 자유 민주주의를 지지하는 쪽을 우익, 소련 등 공산주의를 지지하는 쪽을 좌익이라고 해.

그 후 전국은 신탁 통치에 반대하는 우익 진영과 모스크바 3

● 삼팔선을 넘은 김구

1948년 2월, 유엔은 삼팔선 이남에서 단독 선거를 실시하기로 결정했어. 이승만과 그의 지지자들은 적극 환영했지만, 김구와 김규식 등은 강하게 반대했어. 남한만의 단독 선거는 민족을 둘로 갈라놓는 길이고, 장차 민족끼리 전쟁을 하는 비극이 일어날 수도 있다는 이유에서였지.

"나는 통일된 조국을 건설하려다 삼팔선을 베고 쓰러질지언정, 단독 정부를 세우는 데에는 찬성하지 않겠다."

김구가 남한만의 단독 선거를 반대하는 성명에서 한 말이야. 김구는 영국과 소련을 거쳐 '남북한 지도자가 협상을 가져 통일 정부 수립을 위한 방안을 토의하자.'는 편지를 북한으로 보냈어. 2월에 편지를 보냈지만 북한은 바로 답장하지 않다가, 3월 말에 답장을 보내왔단다. '남한의 단독 선거를 반대하는 남북한의 모든 단체가 평양에서 모여 회의를 열자.'는 내용이었지.

삼팔선에 선 김구 남한만의 단독 정부 수립을 반대했던 김구는 1948년 4월 19일에 삼팔선을 넘어 평양으로 건너갔다. 왼쪽은 비서인 선우진, 오른쪽은 둘째 아들인 김신이란다.

국 외무 장관 회의의 결정을 지지하는 좌익 진영으로 나뉘어 격렬한 대립이 이어졌어.

모스크바 3국 외무 장관 회의의 결정에 따른 신탁 통치를 위한 임시 정부 수립은 우익 진영과 좌익 진영의 격렬한 대립 속에서 제대로 이루어지지 못했어. 그러자 미국은 한반도 정부 수립 문제를 유엔으로 넘겼단다.

1948년 4월 19일, 김구는 신변이 위험하다며 말리는 사람들을 뿌리치고 삼팔선을 넘어 평양으로 갔어. 그리고 김일성 등 북한의 지도자들과 회담을 갖고 몇 가지 사항을 결정했어.

- 남북한에서 미군과 소련군 동시 철수
- 외국군 철수 후 내전이 일어나지 않는다는 것을 확인
- 조선 정치 회의를 만들고 총선거를 실시해 통일 정부 수립
- 남한 단독 선거 반대

남북 협상에서 합의한 내용이야.
5월 5일, 김구는 무사히 서울로 돌아와 남한 단독 선거 반대와 외국군 철수 운동을 펼쳤지. 하지만 5월 10일, 예정대로 남한 지역에서만 총선거를 실시했고 이승만 정부가 탄생했어. 그러자 북한에서는 김일성의 공산주의 정권이 수립됐지. 결국 김구가 걱정했던 남북 분단은 현실이 되었단다. 그리고 분단은 지금까지도 이어지고 있어.

이승만 대통령의 취임 선서
1948년 8월 15일, 초대 대통령으로 취임하는 이승만의 모습이야. 그 후 이승만은 장기 집권을 위해 3·15 부정 선거를 저질러 국민들의 분노를 샀고, 결국 1960년의 4·19 혁명으로 대통령직에서 물러나게 되었지.

유엔은 남북한 총선거로 정부를 수립하자고 결의했어. 그러나 북한을 차지하고 있던 소련과 좌익 진영은 이 결정을 거부했지. 유엔은 미국의 제안에 따라 다시 삼팔선 이남에서만 단독 선거를 실시하기로 결정했어.

김구·김규식 등은 남한만의 단독 선거를 강하게 반대했지만, 결국 유엔이 결정한 대로 되었어. 1948년 5월 10일, 남한 지역에서만 총선거를 실시해 국회 의원을 선출했거든.

이들 국회 의원으로 구성된 제헌 국회(헌법을 만드는 국회)는 나라 이름을 '대한민국'으로 정하고, 헌법을 제정해서 공포했어(7월 17일). 그리고 이승만을 대통령, 이시영을 부통령으로 선출했지.

새 정부가 탄생하자 국민들은 일제에 협력해서 동포들에게 큰 고통을 준 친일파 민족 반역자들을 처벌하기 원했어. 제헌 국회는 국민들의 뜻에 따라 반민족 행위 처벌법을 제정하고, 반민족 행위 특별 조사 위원회(반민 특위)를 만들었어.

그러나 이승만 정부는 오히려 반민 특위 위원들이 공산당과 내통했다며 구속하고, 경찰을 동원해서 반민 특위를 습격하는 등 친일파 처벌 활동을 방해했어. 그래서 반민 특위는 그 역할을 다하지 못한 채 해체되었고, 친일파 민족 반역자에 대한 처벌도 제대로 이루어지지 못했단다.

한편 북한 지역에서는 1946년에 북조선 임시 인민 위원회를

조선민주주의 인민공화국 초대 내각
1949년 9월 9일, 북한은 소련의 공산주의를 기반으로 한 조선민주주의 인민공화국을 세웠어. 맨 앞줄의 가운데가 초대 수상에 오른 김일성이야.

구성하고, 김일성을 위원장으로 선출했어. 또 신탁 통치에 반대하는 민족 지도자 조만식을 연금하고 민족주의 세력을 억압하는 한편, 토지 개혁 등 공산주의 정권 수립을 위한 여러 개혁을 진행했어. 그리고 1948년 9월 9일에는 조선민주주의 인민공화국을 수립하고, 김일성은 초대 수상이 되었지.

한반도는 이처럼 일본의 식민지 지배에서는 벗어났지만, 남과 북에 서로 다른 정부가 들어서서 둘로 갈라지게 됐단다.

북한의 남침으로 전쟁이 시작되다

남한과 북한에 이념(이상적으로 여기는 생각이나 견해)이 다른 두 정부가 들어서고, 서로가 서로를 적대시하면서 한반도에는 긴장감이 점점 높아졌어. 남한은 북진 통일, 북한은 적화 통일을 내세우며 서로 맞섰고, 삼팔선에서는 크고 작은 무력 충돌이 자주 일어났지.

1950년 6월 25일, 마침내 북한은 소련과 중공(중국)의 지원을 받아 적화 통일을 위한 남침을 시작했어. 선전 포고도 없이 삼팔선 전 지역에서 기습 공격을 해 온 거야. 김구가 걱정했던, 동족끼리 서로 죽이는 전쟁이 터지고 만 거였지.

그 전에도 삼팔선에서 잦은 충돌이 있었던 탓에 서울 시민들은 큰 전쟁이 일어났다고는 생각지도 않았어. 그러나 소련제 탱크 등 우수한 무기로 무장한 북한군은 사흘 후에 서울을 점령해 버렸어.

이승만 대통령은 서울이 점령당하기 직전인 27일 새벽에 서울을 빠져나가 남쪽으로 피난했지. 그리고 국민에게는 '유엔이 돕기로 했으니 안심하라.'고 라디오 방송을 했어.

다음 날 새벽 2시 30분, 국군은 한강 다리를 폭파했어. 북한군이 남쪽으로 밀고 내려오는 것을 지연시키기 위해서야. 대통령의 말만 믿고 서울에 남아 있던 사람들은 한강 다리가 끊어지는 바람에 피난도 갈 수 없어졌어. 그때는 한강을 건널 수 있는 다리가 하나뿐이었거든.

한편 이승만 대통령의 다급한 요청으로 미국이 군대를 보내 오고, 유엔 안전 보장 이사회도 북한의 남침을 비난하며 유엔군 파병을 결의했어. 그래서 미군을 중심으로 한 영국, 프랑스 등의 16개국이 유엔군의 이름 아래 6·25 전쟁에 참여하게 되었어.

그동안에도 북한군은 남쪽으로 진격을 계속해서 국군과 유엔군은 낙동강까지 밀리게 되었어. 경상도를 제외한 남한의 전 지역이 북한군의 손에 들어간 거야.

국군과 유엔군의 반격은 유엔군 총사령관 맥아더가 인천 상륙 작전을 펼친 9월 15일부터 시작됐어. 인천 상륙 작전에 성공한 국군과 유엔군은 9월 28일에 서울을 되찾았고, 북으로 진격을 계속했지. 그래서 10월 20일에는 평양을 손에 넣고, 10월 26일에는 압록강에 이르렀어. 또 동부 전선에서도 국군이 두만강까지 진격했지. 통일이 눈앞에 다가온 듯한 순간이었어.

그러나 북한의 요청으로 중공군이 전쟁에 참여하면서 상황은 다시 바뀌었단다. 국군과 유엔군은 중공군에게 밀려 12월 5일

인천에 상륙하는 유엔군
북한의 기습 공격으로 시작된 6·25 전쟁 초기에는 국군과 유엔군이 계속 북한군에게 밀렸단다. 그때 불리했던 전세를 뒤바꾼 군사 작전이 바로 인천 상륙 작전이었어.

에는 평양을 빼앗기고, 1월 4일에는 서울까지 다시 내주고 한강 이남으로 후퇴하게 되었지. 이것을 1·4 후퇴라고 해.

한편 중공군이 빠르게 밀고 내려오는 바람에 동부 전선에서 북한 깊숙이 진격했던 병력은 고립되고 말았어. 육로로 철수할 수 없게 된 병력은 항구가 있는 원산과 흥남으로 집결했지. 병력뿐 아니라 피난민도 모여들었어.

12월 14일부터 24일까지 흥남에서는 대대적인 철수 작전이 벌어졌어. 고립돼 있던 국군과 유엔군 10만 5천 명, 차량 1만 7천여 대, 각종 장비와 물자 그리고 피난민 9만 8천여 명이 흥남 부두에서 배를 타고 남쪽으로 빠져나왔지. 이 작전을 '흥남 철수'라고 해.

흥남 철수는 세계 전쟁 역사상 가장 큰 규모의 해상 철수 작

폭파되는 흥남항
국군과 유엔군은 인천 상륙 작전으로 승기를 잡았지만, 중공군이 개입하면서 후퇴할 수밖에 없었어. 결국 흥남항에서 철수 작전이 진행되었고, 대규모의 병력과 장비 그리고 수만 명에 이르는 피난민이 구출되었단다. 이를 '흥남 철수'라고 불러.

전으로 알려져 있어. 또 흥남 철수에서 병력과 각종 장비를 무사히 철수한 덕분에 국군과 유엔군은 전열을 가다듬고 반격을 시작할 수 있었지.

반격을 시작한 국군과 유엔군은 3월 16일에 서울을 되찾고 북으로 밀고 올라갔어. 그러나 삼팔선 부근에 이른 국군과 유엔군은 중공군과 북한군의 강력한 저항에 부딪혔어.

삼팔선 부근에서는 밀고 밀리는 치열한 전투가 계속됐지. 그동안 국군과 북한군은 물론 유엔군과 중공군도 큰 피해를 입었고, 더 이상 전쟁을 계속하는 데 자신을 잃은 김일성은 소련을 통해 휴전을 제의했어.

이윽고 미국과 소련은 휴전 회담을 시작했어. 그러나 우리 국민은 휴전을 반대했지. 휴전이 돼서 전쟁이 끝나면 나라가 다시 남과 북으로 갈라진 채 통일의 기회를 놓치고 말기 때문이야.

휴전 회담은 2년이나 지루하게 계속됐어. 그동안에도 삼팔선

휴전 협정
6·25 전쟁을 끝내기 위해 판문점에서 휴전 협정이 이루어졌어. 유엔의 소련 대표였던 야코프 말리크가 제안해서 공식적으로 진행되었지. 그리고 6·25 전쟁이 일어난 지 3년 1개월 만인 1953년 7월 27일에 휴전이 성립되었어.

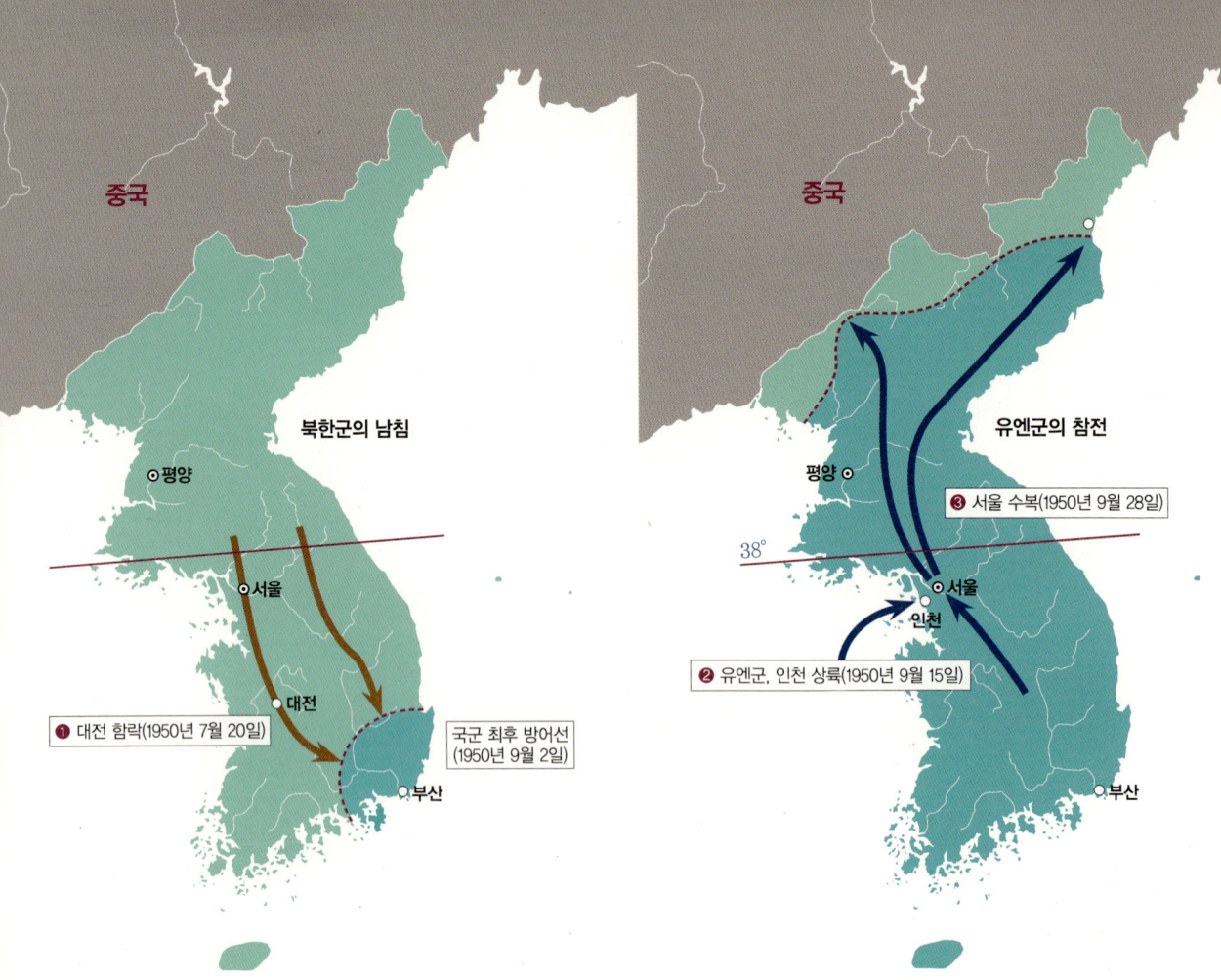

6·25 전쟁 과정

부근에서는 산봉우리 하나라도 더 차지하려는 치열한 전투가 계속되었고, 인명 피해는 더욱 커졌지.

1953년 7월 27일 결국 유엔군과 북한군 사이에 휴전 협정이 이루어졌고, 3년 동안 계속됐던 전쟁은 중지되었단다. 그리고 남북은 지금까지도 갈라져 있지.

전쟁이 끝난 후 한국과 미국은 '한미 상호 방위 조약'을 맺고 동맹 관계를 강화했어(1953년 10월). 또 북쪽에서는 중공이 참전을 이유로 소련보다 더 큰 영향력을 행사하게 되었지.

3년간 계속된 전쟁으로 국토는 망가지고 주택과 건물, 산업

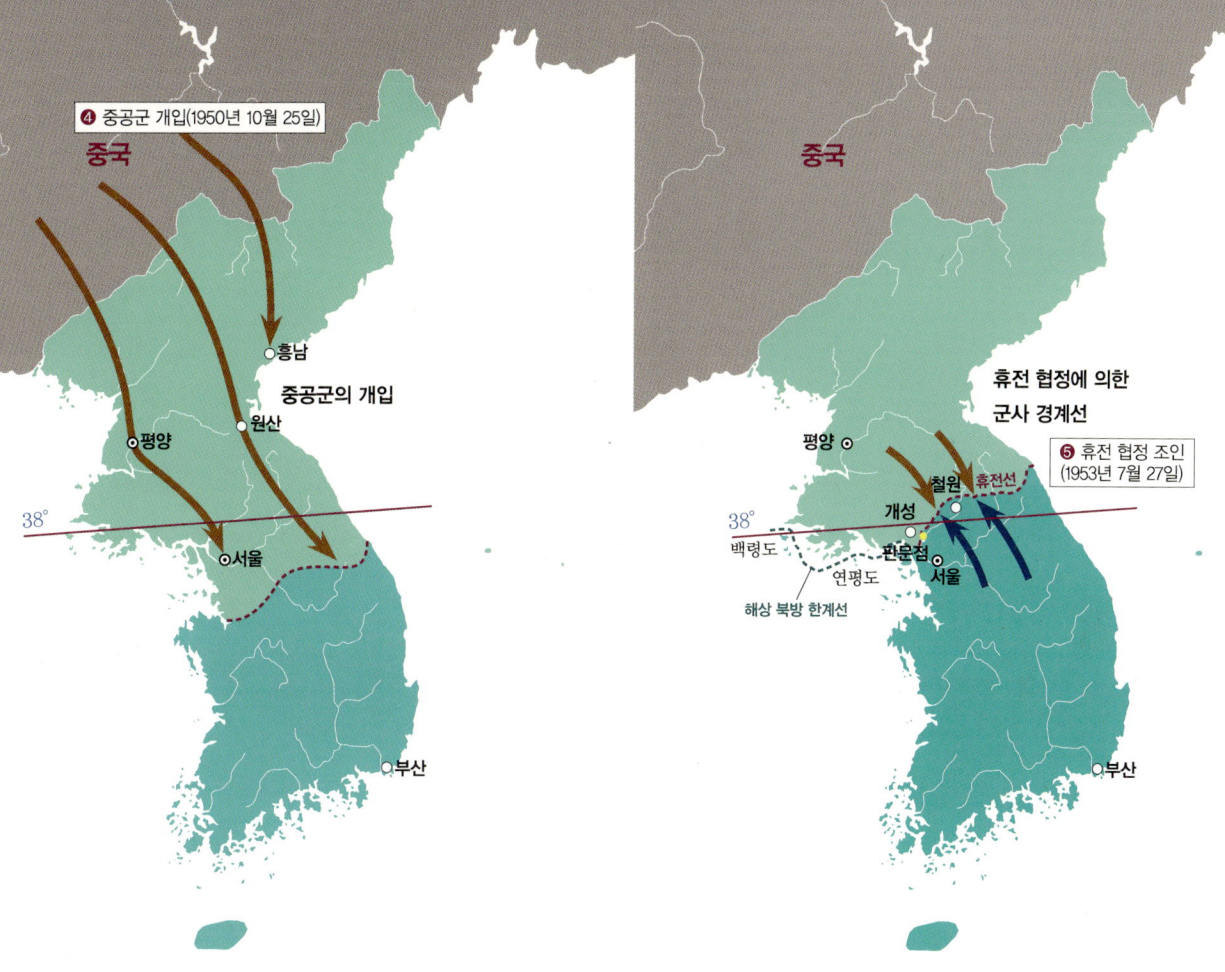

시설이 파괴되어 말할 수 없는 경제적 손실이 발생했어. 하지만 남과 북 모두에게 더욱 씻을 수 없는 상처를 남긴 것은 인명 피해였지. 당시 인구의 6분의 1에 해당하는 5백만 명이 죽었고, 그 때문에 수십만 명의 전쟁미망인과 전쟁고아가 생겨났어.

뿐만 아니라 점령 지역에서 많은 민간인이 집단 학살을 당해 동족 사이에 파인 갈등의 골을 더욱 깊게 만들었어. 그리고 전쟁이 만들어 낸 남북 이산가족 문제는 지금까지도 진행 중인 민족적 비극이 되고 있단다.

11

자유 민주주의를 위하여

대한민국 초대 대통령인 이승만부터 박정희, 전두환으로 이어지는 권력의 이동 과정은 순탄치 않았단다. 3·15 부정 선거를 계기로 4·19 혁명이 일어났고, 박정희의 독재 정치에 맞서 투쟁한 많은 사람이 희생되었지. 또 12·12 사태로 권력을 잡은 신군부에 대항해 5·18 광주 민주화 운동과 6월 민주 항쟁이 일어났어. 오늘날의 민주주의를 이룩하는 데에는 수많은 시민의 희생이 있었던 거야.

자유 민주주의를 위하여

4·19 학생 혁명 | 군부 독재와 광주의 5월 | 대통령을 직접 뽑고 평화적인 정권 교체도 이루다

4·19 학생 혁명

6·25 전쟁 이후 이승만은 한미 동맹을 굳게 다지며, 미국의 원조를 받아 전쟁으로 망가진 나라를 되살리기 위한 사업을 추진했어. 그리고 반공을 앞세워 반대 세력과 언론을 탄압하고, 독재 권력을 강화해 나갔지.

또 장기 집권을 위해 헌법도 뜯어고쳤어. 헌법에는 두 번만 대통령을 할 수 있게 되어 있는데, 초대 대통령은 몇 번이든 계속해서 대통령을 할 수 있도록 고친 거야. 그래서 이승만은 3대 대통령(1956년)과 4대 대통령(1960년)에도 당선됐어.

사실 이승만의 자유당 정권은 1960년 3월 15일에 치른 4대 대통령과 부통령 선거에서 대대적인 부정을 저질렀어. 야당 후보였던 조병옥이 갑자기 죽는 바람에 이승만은 단독 후보로 대통

3·15 부정 선거를 보도한 신문 기사

두 신문 기사는 우리나라 4대 대통령과 부통령 선거 소식을 다루고 있어. 오른쪽은 투표 당일의 기사로 〈3인조 공개 투표 끝내 감행〉이라는 제목에서 알 수 있듯이 부정 선거를 예고하고 있어. 왼쪽은 이틀 뒤인 3월 17일에 이승만과 이기붕의 당선을 보도한 기사란다.

령 당선이 확정된 상태였지. 하지만 부통령 후보인 이기붕을 당선시키기 위해 전국적으로 부정 선거를 저질렀던 거야.

선거를 치른 3월 15일, 부정 선거에 항의하는 시위가 전국 이곳저곳에서 일어났어. 그 후 4월 10일에는 시위에 참여했다가 실종된 마산상업고등학교 김주열 학생의 시신이 마산 앞바다에서, 그것도 눈에 최루탄이 박힌 모습으로 발견됐어. 그리고 이 일이 경찰의 소행임이 밝혀지면서 국민적인 분노가 폭발해 전국에서 격렬한 시위가 벌어졌어.

서울에서는 4월 19일에는 중·고등학생과 대학생 그리고 시민이 모여 대규모 시위를 벌였지. 시위대는 "독재 정권 물러가라!"고 외치며 대통령이 있는 경무대(지금의 청와대)로 향했어.

시위대가 경무대로 접근하자, 경찰은 시위대를 향해 마구 총질했지. 그 바람에 많은 학생과 시민이 목숨을 잃고 다쳤어. 국

대학교수들의 거리 시위
4·19 혁명은 학생들만 참여한 것이 아니었어. 4월 25일에는 서울 지역의 대학교수 3백여 명이 시국 선언을 발표하고, 구속된 학생들을 즉시 석방하라고 요구하면서 시위에 나섰단다.

민은 크게 분노했고, 시위는 걷잡을 수 없을 만큼 크게 전국으로 번져 나갔단다.

4월 25일, 3백여 명의 대학교수가 '대통령 퇴진과 선거를 다시 하라.'고 요구하는 시국 선언을 발표하고, '학생들의 피에 보답하라.'며 시위에 나섰어. 뿐만 아니라 초등학생까지 시위에 참여했단다.

4월 26일, 이승만은 '국민이 원한다면 물러나겠다.'라는 성명을 발표하고 결국 대통령 자리에서 물러났어. 12년 동안 이어졌던 이승만의 독재 정권은 이렇게 막을 내렸지.

같은 해 5월 29일에 이승만은 하와이로 망명했고, 1965년에 91세의 나이로 하와이에서 생애를 마감했단다.

4·19 혁명은 학생과 시민이 손잡고 독재 정권을 무너뜨린 우리나라 민주화 운동의 가장 아름다운 꽃이라고 할 수 있어. 그리고 그 후에 이어진 여러 민주화 운동의 주춧돌이 되었지.

군부 독재와 광주의 5월

4·19 혁명 이후 우리나라 정부 형태는 대통령 중심제에서 내각 책임제로 바뀌었어. 그리고 장면을 국무총리로 하는 초대 내각을 출범했지. 그러나 장면 내각은 독재 정권 붕괴 후에 터져 나온 각계각층의 요구에 제대로 대응하지 못했어.

이런 기회를 틈타 육군 소장 박정희를 중심으로 한 군인들이 '혼란한 사회를 바로잡겠다.'며 군사 정변(쿠데타)을 일으켰어. 장면 내각이 들어선 지 9개월 만인 1961년 5월 16일의 일이었지.

정권을 장악한 군부 세력은 반공을 국가 최고의 가치로 삼고, 국민의 어려운 생활을 해결하겠다는 공약을 내세웠지. 그리고 정치인의 활동을 금지하고 사회단체도 해산시켰어. 또 집회와 시위는 물론이고 단체도 못 만들게 했지. 신문과 방송의 기사를 검열해서 자유로운 보도도 막았어.

그 후 군사 정부는 내각 책임제로 바뀌었던 정부 형태를 다시 대통령 중심제로 바꿨어. 그리고 박정희는 군사 정변을 일으켰을 때 했던 "민간인에게 정권을 넘겨 주겠다."는 약속을 지키지 않고, 군복을 벗고 대통령 선거에 출마해서 제5대 대통령으로 당선됐지(1963년).

박정희는 경제 발전을 위해 많은 힘을 쏟아 상당한 성과를 거두었어. 그런 성과와 반공 태세 강화를 명분

군사 정변을 일으킨 박정희 소장
1961년 5월 16일, 육군 소장이었던 박정희는 육군 사관학교 8기생 출신의 일부 군인과 함께 군사 정변을 일으켰어. 그리고 장면 정부를 강제로 무너뜨리고, 국가 재건 최고 회의 의장이 되어 권력을 휘두르기 시작했지.

으로 내세우며, 박정희는 헌법을 멋대로 뜯어고치고 독재 정치를 휘두르는 장기 집권에 들어갔어.

박정희가 독재 정치를 하던 그 무렵을 '유신 시대'라고 해. '유신'은 '새롭게 한다.'는 뜻인데, 독재를 위해 뜯어고친 헌법을 박정희 정권 스스로 '유신 헌법'이라고 불렀기 때문이야.

유신 헌법 아래서는 대통령이나 정부가 하는 일에 어떤 비판이나 반대도 할 수 없었어. 더군다나 대통령도 국민이 직접 뽑지 못했어. '통일주체국민회의 대의원'이라는 것을 뽑아서, 그 대의원들이 장충 체육관에 모여 대통령을 선출했지.

한마디로 말하자면 유신 헌법은 '박정희의 종신 집권을 위한 헌법'이라고 할 수 있어. '종신 집권'은 '죽을 때까지 권력을 내놓지 않는다.'는 뜻이야. 한국 민주주의가 이승만의 독재 정권 시절만도 못 하게 후퇴한 거지.

종신 집권을 꿈꿨던 박정희의 독재 정권은 한 발의 총성으로 끝이 났어. 박정희가 1979년 10월 26일 저녁에 자신이 신임했던 부하인 중앙정보부장 김재규의 총에 맞아 죽으면서 막을 내린 거야.

우리나라는 박정희가 집권한 18년 동안 '한강의 기적'이라는 말이 나올 만큼 경제 분야에서 성장했단다. 하지만 한국의 민주주의를 크게 후퇴시켰다는 점에서는 불행한 시대였어. 잃어버린 민주주의를 되찾기 위해 투쟁했던 많은 사람이 붙잡혀 가 고문을 받고, 옥살이를 하고, 목숨까지 잃었지.

12·12 사태
전두환, 노태우를 비롯한 새로운 군부 세력이 일으킨 쿠데타를 말한단다. 정변이 일어난 날짜를 따서 '12·12 사태'라고 부르기도 해. 맨 앞줄 왼쪽에서 네 번째가 노태우, 다섯 번째가 전두환이란다.

박정희가 죽은 뒤, 많은 사람은 군사 독재가 끝났으니 이 땅에서 민주주의가 꽃피게 될 것이라고 생각했어. 하지만 새로운 군부 세력의 등장으로 그러한 기대는 산산조각이 났단다. 12월 12일에 전두환과 노태우를 중심으로 한 새로운 군부 세력이 정변을 일으켜 정권을 장악한 거야. 유신 헌법도 그대로 유지됐지.

1980년 봄이 되자 대학생들은 신군부 퇴진과 유신 헌법 철폐를 외치며 거리로 뛰쳐나왔어. 외신은 서울에서 벌어진 이 대규모 시위를 '서울의 봄'이라고 보도했단다. 그러나 진정한 봄은 오지 않았어.

신군부는 비상 계엄령을 선포하고, 거리는 물론 대학까지 군대를 주둔시키며 시위를 탄압했지. 그리고 민주화를 위해 투쟁하는 사람들을 마구 잡아들였어.

● 비상 계엄령이란?

'비상 계엄령'이란 국가가 비상 사태를 맞았을 때, 국가의 안녕과 공공질서를 유지하기 위해 대통령(최고 통치권자)이 사용할 수 있는 고유 권한을 말해. 법률이 정하는 바에 따라 헌법의 일부 효력을 일시적으로 중지시키고, 군사권을 발동해서 치안을 유지하는 거야.

5·18 광주 민주화 운동

12·12 사태 이후 우리나라 국민은 전두환과 신군부 세력에 반대하는 시위를 계속했어. 그러나 신군부는 국민의 요구를 무시했지. 그뿐 아니라 5월 18일 전라남도 광주로 계엄군을 보내 시위 중인 시민들을 무자비하게 진압했단다. 이에 분노하여 5·18 광주 민주화 운동이 일어났어.

　1980년 5월 18일, 전라남도 광주에서는 대학생들이 신군부 탄압에 굴복하지 않고 시위에 나섰어. 신군부는 공수 부대를 투입해 학생들의 시위를 폭력으로 무자비하게 진압했지.

　분노한 시민과 학생 들은 전라남도 도청 앞에 모여 계엄군의 무자비한 진압을 규탄하고, 신군부에게 물러나라고 요구했어. 그러자 계엄군은 시민과 학생 들을 향해 마구 총을 쏘았고, 많은 희생자가 생겨났어. 길 가던 시민과 어린아이까지 총에 맞아 죽었단다.

　시민들은 더욱 분노했고, 일부 시위대는 예비군 무기 창고를 열어 총으로 무장하고 계엄군과 맞섰어. 시위도 광주 전 지역은 물론, 인근 지역으로 번져 나갔지. 그리고 희생자는 점점 더 늘어났단다. 계엄군이 시위대를 폭도로 몰아 무자비한 탄압을 계속하며 무차별적으로 총을 쏘았기 때문이야.

광주에서는 끔찍한 살육이 저질러지고 있었지만, 다른 지역에서는 이 상황을 까맣게 몰랐어. 신군부가 언론을 통제하고 광주로 통하는 모든 길을 막았기 때문이야.

무장한 시민군과 계엄군 사이의 대치는 5월 27일 새벽까지 이어졌어. 그 무렵 시민군 지도부는 시민군이 가지고 있던 무기를 거둬들이며 계엄군에게 평화 협상을 요구했지. 그러나 계엄군은 탱크와 헬기까지 동원해서 시민군의 근거지였던 전라남도 도청을 기습 공격해 무자비하게 시민군을 진압했어. 결국 더 많은 희생자가 발생했지.

신군부가 불법으로 정권을 거머쥔 데 맞섰던 5·18 광주 민주화 운동은 4·19 학생 혁명에 이어 우리나라 민주 발전의 또 하나 빛나는 이정표가 되었어.

대통령을 직접 뽑고 평화로운 정권 교체도 이루다

민주화에 대한 국민의 열망을 총칼로 억누른 전두환은 박정희가 만든 유신 헌법으로 대통령이 되었어. 그리고 박정희에 못지않은 독재 권력을 휘둘렀지. 또 전두환의 친·인척까지 권력을 이용해 많은 비리를 저질렀어.

전두환이 아무리 독재 권력으로 억누르려 해도, 4·19 학생 혁명에서 5·18 광주 민주화 운동으로 이어져 온 민주주의에 대한 국민의 열망을 잠재울 수는 없었어. 민주화에 대한 학생·지식

박종철 고문치사 사건
1987년 1월 14일, 당시 스물세 살이었던 서울대학교 학생 박종철이 경찰에게 조사를 받던 중에 고문으로 숨을 거뒀어. 이 사건을 계기로 전두환 정권을 규탄하고 민주화를 이룩하기 위한 투쟁이 전개되었지.

인·종교인·노동자 등 각계각층의 요구는 봇물이 터지듯 이어졌지. 민주화 세력이 가장 중요하게 내세운 요구는 국민이 대통령을 직접 뽑을 수 있도록 '대통령 직선제' 개헌(헌법을 고침)을 하라는 거였어.

그러나 전두환은 민주화 운동에 대한 탄압을 계속했어. 많은 사람이 잡혀가 고문을 당하고 옥살이를 했지. 그러던 중 대학생 박종철이 경찰의 가혹한 고문으로 사망하는 사건이 발생했어. 전두환 정권은 이 사실을 감추고 개헌 논의를 금지하는 조치를 내렸어(4·13 호헌 조치).

아무리 숨기려 해도 박종철이 고문으로 사망한 사실은 널리 알려졌고, 분노한 학생과 시민 들은 '살인 고문 정권 퇴진'과 '직선제 개헌'을 외치며 거리로 뛰쳐나와 격렬한 시위를 벌였어. 이 과정에서 경찰이 쏜 최루탄에 대학생 이한열이 사망하는 사

6월 민주 항쟁
1987년의 6월 민주 항쟁은 전국에서 150만여 명이 함께했던 대규모 투쟁이었단다. 그 결과 전두환 정권의 6·29 민주화 선언을 이끌어 내고, 우리 손으로 직접 대통령을 뽑을 수 있게 되었어.

건이 일어났지.

시위는 더욱 격렬해졌어. 전두환 정권은 결국 국민의 요구에 굴복해 '6·29 민주화 선언'을 발표했어. 국민의 요구대로 대통령 직선제 개헌을 하겠다는 내용이었지.

6·29 민주화 선언을 이끌어 낸 6월 민주 항쟁은 학생과 시민이 힘을 모아 평화적인 시위로 군사 독재를 끝내고, 평화적인 정권 교체의 길을 열어 놓은 우리나라 민주화 운동의 또 하나 빛나는 역사가 되었어.

1987년 12월, 개정된 헌법에 따라 국민이 직접 대통령을 뽑는 선거를 치렀어. 그리고 노태우가 13대 대통령에 당선됐지.

전두환과 함께 군사 정변 세력이었던 노태우가 당선되기는 했지만, 국민의 손으로 직접 뽑은 대통령이라는 점에서 큰 의미가 있지. 노태우는 서울 올림픽을 성공적으로 개최해서 국가의

● 외환 위기와 국제 통화 기금

'외환 위기'는 정부가 가진 외국 돈(달러)이 부족해 발생한 경제 위기를 말해. 우리나라는 1997년 말의 외환 위기 때문에 국제 통화 기금에서 외환을 빌렸단다.
국제 통화 기금은 세계 무역의 안정을 위해 만든 국제 금융 기구야. 1945년에 설립했고, 현재 188개국이 가입하였지. 경제 위기에 처한 나라에게 돈을 빌려 주고, 그 나라의 경제 체질 개선을 위한 해결책을 제시해 주고 있어. 외환 위기 때 우리 정부는 550억 달러를 빌려 왔지.
이로 인해 우리나라는 국제 통화 기금이 요구하는 경제 정책을 따라야만 했고, 이후 심각한 불경기로 많은 기업이 문을 닫고 수많은 실직자가 생겼단다.

위상을 높였어(1988년). 또 동유럽의 헝가리를 시작으로 소련·중국 등 사회주의 국가와 처음으로 외교 관계를 맺어 국제 교류를 넓히고, 경제적으로도 이득을 챙겼어.

5년 후 치른 대통령 선거에서는 김영삼이 14대 대통령에 당선됐어. 5·16 군사 정변 이후 군인이 아닌 첫 민간인 대통령이 탄생한 거야. 김영삼 정부는 민주주의를 다지기 위해 여러 개혁을 단행했어. 그리고 두 명의 전직 대통령, 곧 전두환과 노태우를 반란 및 내란죄로 법정에 세웠어. 이것은 '잘못된 역사를 바로 세운다.'는 점에서 참 의미 있는 일이었지. 그러나 경제 정책의 실패로 집권 말기에 외환 위기를 맞아 국제 통화 기금에서 긴급 구제 금융 지원을 받아야 했어.

15대 대통령은 온갖 고초를 겪으며 민주화 운동을 해 왔던 김대중이 당선됐어. 김대중의 당선은 집권당(여당)과 야당 사이의 평화적인 정권 교체라는 데 큰 의미가 있어.

김대중 정부는 경제 위기 극복에 힘을 기울여 3년 만에 국제 통화 기금의 구제 금융을 갚을 수 있었어. 국민도 금 모으기 운동으로 정부와 노력을 함께했지.

또 김대중 정부는 북한과 관계 개선을 위해 여러 노력을 기울였어. 이때부터 금강산 관광이 시작되고, 처음으로 남북한 정상 사이의 회담도 이루어졌어. 김대중 대통령은 민주주의의 발전과 한반도 평화 정착에 기여한 공로로 노벨평화상을 수상했지(2000년).

김대중 정부의 뒤를 이어 2003년에는 노무현(16대 대통령) 정부가 들어섰어. 노무현 정부는 '국민과 함께하는 민주주의'를 내세우며 권위주의를 청산하기 위해 노력했지. 또 김대중 정부의 한반도 평화를 위한 정책을 이어받아 제2차 남북 정상 회담도 열었어.

10년 동안 김대중·노무현으로 이어진 정권을 지지했던 국민들은 17대 대통령 선거에서 야당 후보였던 이명박을 지지하면서 다시 정권 교체가 이루어졌어. 그리고 18대 대통령 선거에서도 같은 정당의 후보인 박근혜가 당선됐지.

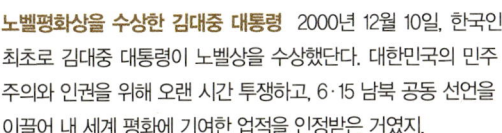

노벨평화상을 수상한 김대중 대통령 2000년 12월 10일, 한국인 최초로 김대중 대통령이 노벨상을 수상했단다. 대한민국의 민주주의와 인권을 위해 오랜 시간 투쟁하고, 6·15 남북 공동 선언을 이끌어 내 세계 평화에 기여한 업적을 인정받은 거였지.

12

경제 성장과 세계 속의 한국

6·25 전쟁 이후 우리나라는 국제 사회에서 많은 경제적·군사적 도움을 받았어. 하지만 경제가 크게 성장하고 정치적으로 민주화가 진행된 오늘날에는 도움을 주는 나라로 성장했단다. 전 세계적으로 한류의 인기가 높아지고, 여러 국제 대회를 성공적으로 개최하면서 우리나라의 위상은 점점 높아지고 있지. 하지만 통일 문제, 영토 분쟁, 역사 왜곡 문제 등 해결해야 할 문제 역시 많이 남아 있어.

경제 성장과 세계 속의 한국

경제 발전을 위한 노력 | 세계 속의 대한민국으로

경제 발전을 위한 노력

6·25 전쟁 후 이승만 정부는 나라 경제를 일으켜 세우기 위해 힘썼단다. 그래서 전쟁으로 파괴된 공장과 산업 시설이 대부분 복구됐어. 그러나 미국의 경제 원조에 크게 의존했던 탓에 식량과 생활필수품 등 원조 물자를 가공하는 소비 관련 산업은 발달했지만, 기계와 철강 등 공업 분야의 발전은 제대로 이루어지지 못했어. 또 원조 물자로 미국의 농산물이 많이 들어와 농업 경쟁력이 떨어지면서 농촌은 점점 살기 어려워졌어.

4·19 혁명 이후 장면 내각은 어려움을 겪고 있는 나라 경제를 발전시키기 위해 '경제 개발 5개년 계획'을 세웠어. 그러나 5·16 군사 정변으로 실행에 옮기지 못했고, 박정희 정부가 들어서면서 경제 개발을 위한 노력이 본격적으로 시작됐지. 그래서 1962

경제 개발 5개년 계획
박정희 정부는 경제 개발을 위해 '경제 개발 5개년 계획'을 추진했어. 이 사진은 1차 경제 개발 5개년 계획의 모형 전시장을 보여 주고 있어. 1차 경제 개발 5개년 계획은 사회 기반을 다지는 사업에 집중했단다.

년부터 네 차례에 걸쳐 경제 개발 5개년 계획이 추진됐어.

1·2차 경제 개발 5개년 계획은 신발·의류·가발 등 싼 임금으로 노동력을 사용할 수 있는 분야에 집중했지. 덕분에 수출이 크게 늘어났어. 또 경부 고속 도로를 건설하고, 시멘트 정유 산업 등을 육성해서 경제 발전을 위한 밑바탕을 마련했어.

1972년부터 시작된 3·4차 경제 개발 5개년 계획은 1·2차 경제 개발 5개년 계획의 성과를 바탕으로 중화학 공업 육성에 힘썼어. 울산·창원 등 영남 해안 지방에 대규모 공업 단지를 건설해, 철강·석유 화학·기계·조선업 등 중화학 공업 분야에서 큰 발전을 이루었어.

네 차례의 경제 개발 5개년 계획으로 우리나라 경제는 비약적으로 발전했고, 외국에서는 이러한 발전을 '한강의 기적'이라고 부르며 놀라워했지. 그러나 한강의 기적 뒤에는 어두운 그림자도 없지 않았어.

가장 큰 폐단은 '정경 유착'이었어. 정부 주도의 경제 성장을 이루다 보니 많은 기업이 독재 권력과 은밀한 거래를 했지. 기업은 권력에 부정한 돈을 건네고, 권력은 그 대가로 기업에 혜택을 주는 식으로 말야. 이런 것을 정경 유착이라고 해.

노동자들이 싼 임금으로 나쁜 환경 속에서 오랜 시간 기계처럼 일해야 하는 것도 큰 문제였어. 정부는 기업 편을 들어 노동자들이 겪고 있는 어려움을 모르는 척했어. 그래야 생산품의 가격을 낮춰 수출에서 경쟁력을 가질 수 있었거든.

노동자들이 받고 있는 비인간적인 처우에 대한 분노는 평화시장 노동자였던 전태일의 분신자살 사건으로 폭발했어. 전태일이 "우리는 기계가 아니다!"라고 외치며 분신자살한 거야.

전태일의 분신 후, 노동자들에 대한 부당한 대우를 극복하기 위해 활발한 노동 운동이 일어났지. 그러나 독재 정권은 민주화 운동 못지않게 노동 운동도 탄압했어.

고도성장에 따른 여러 문제점은 정치적 민주화가 진행되면서 차츰 해결의 실마리를 찾기 시작했어. 그러나 무한 경쟁으로 치닫고 있는 세계 경제의 흐름 속에서 일부 대기업에 경제력이

전태일 동상
전태일은 노동자의 현실을 고발하고, 정당한 권리를 찾기 위해 분신자살했어. 1970년의 일이었지. 전태일의 뜻을 기리기 위해 그가 분신자살한 청계천 6가 버들 거리에 그의 동상을 세워 놓았어.

집중되고, 잘사는 사람과 못사는 사람 사이의 차이가 점점 커지는 문제 등은 더불어 사는 공동체 건설을 위해 꼭 해결해야 할 과제로 남아 있단다.

세계 속의 대한민국으로

6·25 전쟁을 겪으면서 우리나라는 국제 사회로부터 많은 경제적·군사적 도움을 받았어. 그러나 지금은 경제가 크게 성장하고 정치적으로도 민주화가 진행됐기에, 도움을 받는 나라에서 도움을 주는 나라로 바뀌었단다. 세계 여러 지역에 유엔 평화 유지군을 파견해서 활동하고 있고, 한국국제협력단을 설립해 아시아·아프리카·중남미 등 여러 지역의 나라를 돕고 있지.

스포츠 분야에서도 여러 중요한 국제 대회를 열어 세계 속에

2002년 한일 월드컵
우리나라는 2002년에 일본과 함께 월드컵을 개최했어. 4년에 한 번씩 열리는 월드컵은 전 세계 축구인들의 가장 큰 축제란다. 우리나라는 월드컵 4강에 진출했을 뿐 아니라, 서울 시청 앞에서 펼친 대규모 거리 응원으로 전 세계의 주목을 받았지.

서 한국의 위상을 크게 높였어. 아시안 게임(1986년, 2002년, 2014년)과 올림픽(1988년)을 개최하고, 월드컵(2002년)과 세계 육상 선수권 대회(2011년)도 개최했지. 또 평창이 동계 올림픽 개최지로 선정되어 있어. 평창에서 동계 올림픽을 열고 나면 우리나라는 세계 4대 스포츠 대회를 모두 개최한 여섯 번째 나라가 돼.

대중문화 분야에서도 우리나라의 위상이 크게 높아졌어. 1990년대 후반 우리나라 드라마가 중국에 진출한 것을 시작으로 영화, 대중가요 등으로 영역을 넓혀 갔어. 이제 일본과 동남아시아는 물론 아프리카와 유럽에 이르기까지 전 세계적으로 한국의 대중문화를 좋아하는 사람들이 점점 늘어나고 있어. 이러한 현상을 '한류'라고 해.

한류
오늘날 우리나라의 대중문화는 드라마를 비롯하여 다양한 분야에서 전 세계적인 인기를 얻고 있어. 최근에는 한국 대중가요에 대한 관심도 높아지고 있어. 그래서 우리나라 가수들이 외국에서 콘서트를 여는 일도 많아졌어.

2000년 이후 한류는 대중문화뿐 아니라 한식과 화장품, 정보 기술(IT) 등 여러 분야로 계속해서 번져 나가고 있어.

2008년 7월에는 제22회 세계 철학자 대회가 서울에서 열렸어. 5년에 한 번씩 열리는 이 대회는 1900년에 프랑스 파리에서 첫 대회를 개최한 후, 아시아 지역에서 우리나라가 처음으로 개최한 거야. 대회에는 2천5백여 명의 세계 철학자들이 참여했어.

서울 대회는 그동안 서양 철학을 주로 다뤘던 세계 철학자 대회에서 동양 철학(유교·도교·불교 철학)을 다루었다는 데 큰 의미가 있어. 또 원효의 화쟁 사상(고대), 이황의 성리학과 정약용의 실학사상(중세), 함석헌의 씨알 사상(현대)이 한국의 고대·중세·현대를 대표하는 철학 사상으로 소개되기도 했지.

이런 의미 있는 대회를 열 수 있었다는 것도 세계 속에서 우

오늘날의 서울
서울은 1392년에 조선을 세운 이후 지금까지 6백여 년간 우리나라의 수도였어. 1천만 명이 넘는 인구에, 수많은 외국인이 방문하는 대도시이기도 해. 하루하루 국제적인 중심 도시로 성장하고 있단다.

김정일 국방 위원장과 악수하는 노무현 대통령
노무현 대통령은 2007년 10월 2일, 평양에서 김정일 국방 위원장을 만났어. 대한민국 대통령으로는 처음 걸어서 판문점을 통과했지. 김대중 대통령 이후 두 번째로 열린 남북 정상 회담의 결과로 10·4 남북 공동 선언이 발표되었단다.

리나라의 위상이 그만큼 높아졌다는 사실을 뜻하는 것 아니겠니?

국제 사회로부터 도움을 받던 나라에서 도움을 주는 나라가 되고 한류가 세계 속으로 번져 나가고 있지만, 우리나라에는 반드시 해결해야만 하는 일 하나가 그대로 남아 있단다. 바로 남과 북이 하나 되는 문제야.

그동안 6·25 전쟁의 상처를 딛고 남북이 하나 되기 위한 노력이 없었던 것은 아니었지. 그 첫걸음은 박정희 정부 시절의 '7·4 남북 공동 성명'이었어. 1972년 7월 4일, 서울과 평양에서 동시에 발표한 이 성명은 '남한과 북한이 외세의 간섭 없이 자주적이며 평화적으로 통일을 이루자.'는 내용을 담고 있어.

또 노태우 정부 시절에는 '남북 사이의 화해와 불가침 및 교류·협력에 관한 합의서(남북 기본 합의서)'가 채택됐어(1991년). 합의서 제목에서 알 수 있는 것처럼 '남북한이 서로 다른 체제를 인정하고 침략도 하지 않는다.'는 내용이었지. 또 남북한의 유엔 동시 가입도 합의됐어.

그 후 김대중 정부와 노무현 정부 시절에는 남북한 정상이 평양에서 만났고, 지금도 개성 공단에는 우리 기업이 들어가 공장을 짓고 북한 노동자와 일하고 있어. 그렇지만 평화 통일을 위한 노력은 눈에 띄는 결실을 맺지 못하고 있어. 왜냐하면 남북한이 여전히 서로를 믿지 못하고, 이미 합의한 내용도 잘 지키지 않기 때문이야.

또 북한이 핵무기를 가지려고 집착하는 것도 남북한 화해와 협력의 큰 걸림돌이 되고 있단다.

남북 간의 대립과 불신은 평화 통일에 장애가 되는 것은 물론, 양쪽 모두의 발전에도 큰 해가 되고 있어. 또 동남아시아의 평화에도 위협이 되고 있지. 그러므로 남과 북이 불신의 골을 메우고, 주변의 나라로부터 평화 통일의 길로 나갈 수 있도록 협력을 이끌어 내는 것은 아무리 그 길이 험난하더라도 결코 포기해서는 안 될 우리 시대의 중요한 과제란다.

마지막으로 주변 나라와의 관계를 조금 더 이야기해 볼까?

중국과 일본은 우리나라와 지리적으로 가깝고 오랫동안 서로 영향을 주고받으며 살아온 나라야. 갈등과 침략으로 얼룩진 역사도 있지만, 서로 좋은 관계를 맺으며 교류해 온 역사는 더욱 길어. 또 앞으로도 좋은 관계를 맺으며 더불어 살아가야 할 이웃이야. 그런데 지금도 두 나라와는 영토 문제와 역사 왜곡 등으로 갈등을 빚고 있지.

일본은 역사적으로 우리 땅이 분명하고 우리나라가 실제적으로 지배하고 있는 독도를 자기네 영토라고 주장하며, 국제 사회에 영토 분쟁 지역이라는 생각을 갖게 하려고 하고 있어.

더욱 심각한 것은 역사 왜곡 문제야. 일본의 일부 정치인이

위안부 문제
일제 강점기에 한국의 젊은 여성들은 일본군 위안부로 강제 동원되었어. 그러나 일본은 아직도 잘못을 인정하지 않고 제대로 된 사과마저 하지 않고 있지. 지금도 피해자 할머니들과 여러 시민 단체에서 일본의 사과를 촉구하고, 역사를 바로잡기 위해 노력하고 있단다.

침략 전쟁을 미화하고, 한국에 대한 식민지 지배를 정당화하는 망언을 일삼고 있거든. 더욱 어처구니없는 일은 끔찍한 전쟁 범죄인 '일본군 위안부' 문제야. 일본은 일본군 위안부를 강제 동원한 일이 없다고 발뺌하고 있지. 더욱이 학생들의 역사 교과서마저 이런 역사 왜곡이 이루어지고 있다는 것은 두 나라의 장래를 위해 크게 걱정스러운 일이 아닐 수 없어.

중국과도 역사 왜곡 문제가 걸려 있기는 마찬가지야. '동북공정' 문제는 고구려 역사를 배울 때 이미 이야기했지. 고구려와 발해의 역사를 중국 역사에 집어넣으려는 역사 왜곡이 바로 동북공정이야. 중국은 이를 위해 고구려와 발해 유적의 안내판을 바꾸고 유네스코 세계 문화유산으로 등재해서, 고구려와 발해를 자기 나라의 역사로 관리하고 있어. 이와 같은 동북공정은 한반도 북부에 대한 중국의 영향력을 확대하려는 것으로, 우리나라로서는 경계하지 않을 수 없는 일이야.

가까운 이웃인 한국·일본·중국 세 나라가 평화롭게 더불어 살아가고 함께 번영하기 위해서는 갈등과 분쟁의 씨앗인 영토 분쟁과 역사 왜곡은 반드시 바로잡지 않으면 안 될 우리 시대의 또 하나 중요한 과제야.

이와 같은 문제를 해결하려면 다른 나라를 서로 이해하고 배려하려는 노력과, 과거의 잘못을 인정하고 반성하는 태도가 필요하지 않을까 생각돼.

집안 일대의 고구려 고분 중국 길림성 집안 일대에 있는 고구려의 고분군이야. 2004년에 유네스코 세계 문화유산으로 등재되었지. 중국이 동북공정을 통해 자신의 역사로 포함하려 하는 지역이기에 많은 논란이 있단다.

을사늑약부터 오늘날까지 연표

한일 병합 조약 체결

1905년의 을사늑약, 1907년의 한일 신협약을 거치며 대한 제국은 많은 부분에서 일본의 간섭을 받게 되었어. 결국 1910년 8월, 이완용과 데라우치 통감이 도장을 찍은 한일 병합 조약으로 대한 제국은 일본의 식민지가 되었단다.

6·10 만세 운동

1926년, 순종 황제가 세상을 떠났어. 이 사건이 계기가 되어 국장일인 6월 10일에 학생을 중심으로 한 대규모 만세 운동이 또다시 일어났단다. 이를 통해 학생 운동이 활발해지고 신간회가 생겼어.

광복

1945년 8월 15일, 일본이 연합군에 항복하면서 우리나라는 광복을 맞이했어. 일제의 식민 지배에서 벗어나게 된 거야. 그러나 기쁨도 잠시, 우리 민족이 우리나라를 다스릴 수 없는 신탁 통치가 결정됐어.

1910년 **1926년** **1945년**

1905년 **1919년** **1932년**

을사늑약

일본은 주변 강대국으로부터 대한 제국에 대한 지배권을 인정받아 왔어. 그러다 1905년, 고종을 비롯한 대신들을 협박하여 강제로 을사늑약을 맺었어. 대한 제국은 일본에게 외교권을 빼앗기고 통감부의 지배를 받게 되었지.

3·1 운동

1919년 3월 1일, 종교계 대표 33인이 태화관에서 〈독립 선언서〉를 낭독했어. 같은 시각 탑골 공원에서도 수많은 사람이 만세를 불렀고, 곧 전국으로 퍼져 나가 우리 역사상 가장 큰 규모의 민족 운동이 되었단다.

한인애국단 활약

민족 말살 통치가 시행되었던 1930년대에도 일제에 대한 저항은 계속되었어. 특히 이봉창과 윤봉길 의사의 의거가 대표적이야. 두 사람은 한인애국단 소속이었지. 이들의 활약은 임시 정부에 활기를 불어넣었어.

6·25 전쟁 발발 ⑧

북한이 남한을 기습 공격하면서 민족끼리의 전쟁이 시작됐어. 이후 유엔군과 중공군까지 개입하면서 치열한 전투가 계속되었지. 1953년 휴전 협정을 맺으면서 휴전하게 되었단다.

5·18 광주 민주화 운동 ⑩

18년간 독재 정치를 했던 박정희가 죽은 후 신군부 세력이 권력을 장악했어. 이에 맞서 전라남도 광주에서는 민주화 운동이 일어났어. 전두환 정권은 계엄군을 보내 광주 시민을 무자비하게 진압했단다.

남북 정상 회담 ⑫

김대중 대통령은 재임 기간 중 북한의 김정일 국방 위원장을 만났어. 남북 분단 이후 최초의 남북 정상 회담이었지. 이후 2007년에는 노무현 대통령이 두 번째 남북 정상 회담을 가졌단다.

1950년   **1980년**   **2000년**

1948년   **1960년**   **1987년**

대한민국 정부 수립 ⑦

신탁 통치를 둘러싼 우익과 좌익 진영의 갈등 가운데 삼팔선 이남에서 단독 선거를 실시했어. 그 결과 1948년 8월 15일에는 한반도 남쪽의 대한민국이, 9월 9일에는 한반도 북쪽의 조선민주주의 인민공화국이 수립되었단다.

4·19 혁명 ⑨

이승만 대통령은 1960년 3월 15일에 치른 4대 대통령·부통령 선거에서 크나큰 부정을 저질렀어. 이에 국민이 들고일어나 대규모 시위를 벌였어. 결국 이승만은 대통령에서 물러나게 되었지.

6월 민주 항쟁 ⑪

전두환 정권은 민주화 운동을 계속 탄압했어. 그러던 중 박종철 고문치사 사건이 발생하고, 이한열이 최루탄에 맞아 사망하면서 6월 민주 항쟁이 일어났단다. 그리고 국민의 힘으로 민주주의를 되돌려 받았어.

역사는
과거와 현재의
끊임없는 대화

지금까지 지구의 탄생에서 시작해 한반도를 중심으로 우리 조상이 살아온 발자취를 살펴보았어. 이것을 한 마디로 말하면 '우리나라 역사'라고 할 수 있을 거야.

역사는 과거에 있었던 일에 대한 기록이야. 그러나 과거에 있었던 일을 모두 알 수도 없고, 알려진 일을 모두 기록할 수도 없지. 그러므로 알려진 일 가운데 의미 있는 것을 추려 내서 기록한 것이 역사라고 할 수 있어.

'의미 있는 일을 추려 내서 기록'하는 데에는 그것을 기록하는 사람의 주관적인 생각이 들어가게 마련이야. 또 '의미 있는 일'도 시대에 따라 달라질 수 있어. 그래서 에드워드 카라는 역사학자는 "역사는 과거와 현재의 끊임없는 대화"라는 말을 했어. 역사가의 중요한 임무는 '있었던 일'을 기록하는 것뿐 아니라 '있었던 일'을 평가하고 비판하는 것이며, 역사적 사건을 해석하고 평가하는 기준도 시대에 따라 다를 수 있다는 이야기야.

그럼 역사를 왜 배우는 것일까?

역사 속에는 우리 조상이 살아온 온갖 지혜와 경험이 담겨 있어. 또 지금 우리가 겪고 있는 모든 일은 과거와 끈이 닿아 있지. 그러므로 역사를 알면 오늘을 살아가는 데 필요한 지혜와 교훈을 얻을 수 있어.

오늘날 우리는 세계가 하나의 마을 같은 지구촌 시대에 살고 있지. 그래서 지구 반대편에서 일어난 작은 일이라도 우리나라에 영향을 미칠 수 있어. 그러므로 지구촌 시대에 더불어 살아가기 위해서는 우리나라의 역사와 문화가 중요한 만큼, 다른 나라의 역사와 문화도 존중할 줄 알아야 돼.

남의 것을 존중하려면 먼저 우리 것을 잘 알고 있어야 되지. 우리나라 역사를 이야기한 이 책이 아무쪼록 우리나라의 역사와 문화를 잘 이해하는 바탕 위에서 다른 나라의 역사와 문화도 존중할 줄 아는 길로 나가는 길잡이가 되었으면 해.

자료 제공처 및 출처

● 국립고궁박물관
영조 어진 17

● 국립중앙박물관
송시열 초상 13 어제자성편 18 뒤주 20 규장각 22 정조 임금이 쓴 칠언시 22 정조의 현륭원 행차 24~25 평시서에서 제작한 족두리전 수세패 29 논갈이 31 벼 타작 31 철제 은입사 담배합 32 저잣길 35 학생을 통정대부승정원좌승지 겸 경연찬관에 임명하는 교지 37 이수광 묘지 38 성호사설유선 39 택리지 필사본 43 대동여지도 44 심청전 46 강필봉의 과거 예비 시험 입격 증서 53 마을에서 납부해야 할 세금을 기록한 문서 54 어윤중이 동학도를 조사하고 조정에 올린 보고서 58 평안도 지역을 그린 군사 지도 59 이하응 초상 일괄 64 상평통보당백전 66 최익현 초상 71 호남 초토사 민종렬이 동학 농민 운동과 관련해 의정부에 올린 보고서 91 독립신문 104 대한 제국 황제의 인장 110 보부상인에게 내린 증명서 111 대한 제국 전보 113 백두산정계비 탑본 125

● 다산기념관
정약용 40

● 동북아역사재단
집안 일대의 고구려 고분 213

● 안중근의사기념사업회
안중근 132

● 연합뉴스
박지원 42 김대건 55 전봉준 동상 86 정읍 황토현 전적 87 서울 독립문 105 화재 당시의 원각사 115 한용운 117 조선어 학회 172 폭파되는 흥남항 184 대학교수들의 거리 시위 192 12·12 사태 195 5·18 광주 민주화 운동 196 박종철 고문치사 사건 198 6월 민주 항쟁 199 노벨평화상을 수상한 김대중 대통령 201 경제 개발 5개년 계획 205 전태일 동상 206 2002년 한일 월드컵 207 한류 208 김정일 국방 위원장과 악수하는 노무현 대통령 210 위안부 문제 212

● 영주시청
영주 소수 서원 65

● 화폐박물관
상평통보 36

● 본서의 모든 사진 및 그림 자료는 저작권자의 허락을 받아 사용하고자 최선을 다하였습니다. 허락받지 못한 일부 자료의 경우 저작권자를 확인하는 대로 반영하겠습니다.